ADAMUS
SAINT-GERMAIN

Die Meister der Neuen Energie

Weisheit und Inspiration für eine Welt im Wandel

Empfangen von Geoffrey und Linda Hoppe

Aus dem Amerikanischen
übersetzt von Wulfing von Rohr

WILHELM HEYNE VERLAG
MÜNCHEN

Lesehinweis: Alle Fußnoten sind vom Übersetzer
zur besseren Verständlichkeit hinzugefügt.
Das englische »you«, das sowohl »du« als auch »Sie« bzw. »ihr«
bedeuten kann, wurde je nach Bedeutung und in Absprache
mit den Autoren mal als »du«, mal als »ihr« übersetzt.
So versucht der Text, sowohl dem allgemeingültigen Anspruch
einer spirituellen Botschaft gerecht zu werden als auch die Leserin
bzw. den Leser immer wieder ganz persönlich anzusprechen.

Die amerikanische Originalausgabe erschien 2007 unter dem Titel
»Masters in the New Energy« im Verlag Crimson Circle Press,
a division of Crimson Circle Energy Company, Inc.;
P. O. Box 7328, GOLDEN, CO 80403, USA.
www.crimsoncircle.com

FSC
www.fsc.org
MIX
Papier aus verantwortungsvollen Quellen
FSC® C014496

Verlagsgruppe Random House FSC® N001967
Das für dieses Buch verwendete FSC®-zertifizierte Papier
Salzer Alpin wird produziert von UPM, Schongau
und geliefert von Salzer Papier, St. Pölten, Austria.

2. Auflage
Taschenbucherstausgabe 05/2015

Umschlaggestaltung: Guter Punkt, München,
unter Verwendung von Motiven von © shutterstock
Redaktion: Juliane Molitor
Herstellung: Helga Schörnig
Satz: Leingärtner, Nabburg
Druck und Bindung: GGP Media GmbH, Pößneck
ISBN 978-3-453-70277-6

http://www.heyne.de

Inhalt

Teil 1

Wie es zu diesem Buch kam

Shaumbra gewidmet.*
Deren Reise hat das
Bewusstsein der Neuen Energie inspiriert,
auf der Erde und darüber hinaus.

* Ein Begriff, den der aufgestiegene Meister Tobias für die lose Gemeinschaft bzw. Gruppe von Menschen verwendet hat, die sich im Prozess des geistigen Erwachens befinden. Mehr darüber im Anhang auf Seite 181.

Neue Energie

Im Frühling 2007 rief Adamus Saint-Germain, ein aufgestiegener Meister mit einer langen, schillernden Geschichte, eine Gruppe von Meistern und Lehrern der Neuen Energie in Amsterdam zusammen. In seiner Eröffnungsbotschaft, die von Geoffrey Hoppe gechannelt wurde, offenbarte Saint-Germain den Zweck dieses ganz besonderen Treffens: ein Buch zu schreiben! Das Buch sollte *Masters in the New Energy* heißen und als Geschenk der Weisheit und Inspiration jenen Menschen dienen, die sich in unserer Zeit dazu entschließen würden, die umfassende und tiefgründige Wandlung der Erde meisterlich zu begleiten.

Die Energie und die Informationen, die darin übermittelt würden, sollten auf der Weisheit jener beruhen, die diesen Prozess – Meister der Neuen Energie zu werden – bereits durchlaufen hatten und jenen den Weg würden weisen können, die ihnen folgen wollten.

Also fasste Adamus* Saint-Germain bei diesem Treffen von Meistern und angehenden Meistern die kollektive Energie der Gruppe zusammen und channelte sie als das Material, das Sie jetzt als Buch in Händen halten.

* Erklärung des Vornamens: siehe Seite 168.

Die Original-Tonbandaufzeichnungen wurden transkribiert und nur leicht redigiert, um sie lesbarer zu machen. Sonst wurden die ursprünglichen Worte und Botschaften Saint-Germains nicht verändert, und es wurde auch nichts hinzugefügt.

Neue Energie ist das neue Bewusstsein von Menschen und die neue Schwingung der Erde, die es uns erlauben, unser göttliches Wesen in unsere menschliche Natur zu integrieren.

Teil 2

Meisterschaft der Neuen Energie

Alte Meister, neue Meister

Ich bin. Ja, ich bin, Adamus Saint-Germain.

Lasst uns einen Augenblick über Meister* sprechen. Der Begriff »Meister« geht viel herum, wird offen und leichthin verwendet, und es hat in der Vergangenheit viele, viele Meister gegeben. Die Meister der Vergangenheit sind jedoch anders als die Meister der Neuen Energie. Früher mussten die Meister oft außergewöhnliche Leiden erdulden, um Meister zu werden. Sie mussten ihren Körper negieren, sie mussten sogar buchstäblich ihr Menschsein verneinen, um tiefer in ihren Spirit** einzudringen, um das, was Mensch in ihnen war, von dem zu unterscheiden, was Spirit war, das, was Wirklichkeit, was real war, von dem, was Illusion war – um das, was den Kampf des Egos darstellte, von dem zu unterscheiden, was die Segnung bedeutete, ein Mensch zu sein. So viele der Meister, von denen ihr gehört und über die ihr gelesen habt, durchlitten das und wurden zu Märtyrern, während sie zu Meistern wurden. In der Neuen Energie braucht es das jedoch nicht.

* Hier und überall sonst meint die männliche Sprachform Meister selbstverständlich auch Meisterinnen.

** In der Vorlage *spirit;* könnte man hier auch als Seele, Geistfunken oder Geist im spirituellen Sinne übertragen.

Meister der Neuen Energie begreifen, dass Meisterschaft gerade darin besteht, Mensch zu sein. Sie verstehen, dass es darum geht, alle Energien in einem selbst zu integrieren. Die Meister der Neuen Energie haben das Prinzip der Freude verstanden, und sie lösen die alte Leidensvorstellung auf. Viele der früheren Meister waren isoliert. Sie zogen sich zurück, zogen fort aus den Städten, fort von ihrer Familie. Sie lebten als Einsiedler in den Wäldern, auf einer öden Insel oder in einem verlassenen Teil des Landes, in dem keine anderen Menschen lebten. Manchmal haben sie das vielleicht damit erklärt oder gerechtfertigt, dass sie so wieder in Kontakt mit der Natur kamen. Die Meister früherer Tage mussten sich vom Leben und von der Gegenwart anderer Menschen abwenden, um sich wahrhaft selbst zu entdecken.

Die Meister der Neuen Energie haben jedoch begriffen, dass es darauf ankommt, ein Teil der Menschheit zu sein, dass es wesentlich ist, ein Teil der Gemeinschaft zu sein. Ein Meister der Neuen Energie erkennt, dass Isolierung und Abschottung nicht den Bedürfnissen der anderen entsprechen, jener Menschen, die bereit sind, Lehrer zu haben. Ein Meister der Neuen Energie lernt deshalb, Meister zu sein, während er in dieser menschlichen Realität lebt, von anderen Menschen umgeben; während er in alltäglichen Berufen arbeitet; während er reist; während er in dieselben Läden zum Einkaufen geht oder vielleicht sogar in dieselben Kirchen wie andere Menschen.

Sicher wird es Zeiten geben, in denen ihr allein sein müsst. Es wird Zeiten geben, die ihr braucht, um eure Energie wieder aufzuladen. Aber Meister der Neuen

Energie wissen, dass es wichtig ist, unter Menschen zu leben. Es ist wichtig, an der menschlichen Existenz teilzuhaben, denn wie könnt ihr anderen ein Lehrer sein, wenn ihr auf irgendeiner entlegenen Insel lebt? Wie könnt ihr anderen helfen, wenn ihr euch an einen weit entfernten Platz zurückzieht? Wie könnt ihr für die Menschen da sein, wenn ihr irgendwo auf einer Bergspitze sitzt, die abgeschieden und nur sehr schwer zu erreichen ist?

Viele der früheren Meister haben eifrig gelernt. Sie haben alte Texte gelesen, die Philosophien studiert, die Religionen. Sie haben die meisten ihrer Jahre mit Lernen verbracht, und als sie älter wurden, haben sie weiterhin gelernt und gelernt und gelernt – und immer noch versucht, dabei ihren Weg zur Erleuchtung zu finden. Sie dachten, je mehr sie absorbierten, je eifriger sie studierten und je mehr sie wüssten, desto näher kämen sie ihrem Ziel: ein Meister zu sein.

Es gibt sehr, sehr wenige Meister, die es auf diese Weise wirklich geschafft haben, obwohl viele, viele es so versuchten. Ihnen allen ist eines gemeinsam: Dieser Weg hat sie so sehr in ihren Verstand und auf die Vernunftebene* geführt, dass sie ihre wahren Gefühle vergessen und ausgeklammert haben. Früher oder später stellten die Meister der Vergangenheit, die sich diesem rigorosen Studium widmeten, fest, dass sie alles loslassen mussten. Dafür ist *Kuthumi Lal Singh* ein schönes Beispiel. Er lernte und studierte an den Universitäten und versuchte,

* In der Vorlage *mind*, hier nicht »Geist«, sondern als Gegenüberstellung zu »Gefühlen« verwendet.

seinen Weg zur Erleuchtung über dieses Studium zu finden, bis es ihn buchstäblich verrückt machte. Er musste all das loslassen. Er musste begreifen, dass ihm das gesamte Buchwissen der Welt niemals jene echte Erleuchtung bescheren würde, die durch Gefühle kommt und durch *Gnost**, die göttliche Intelligenz.

Meister der Neuen Energie haben schon gelernt. Ihr habt die Bücher gelesen, ihr habt die Kurse besucht, ihr habt all die alten Weisheitslehren studiert. Hat das eure Probleme gelöst? Es hat vielleicht Freude gemacht, ihr habt es vielleicht dann und wann ganz schön gefunden, aber manchmal versinkt ihr im Studium und vergesst darüber, dass ihr schon Meister seid. Ihr werdet dann so kompliziert, versucht so sehr, intellektuelle Antworten zu finden, dass ihr vergesst, dass die Antworten in euch schon vorhanden sind. Ihr verliert euch so sehr in eurer Suche, konzentriert euch so sehr auf den Weg, dass ihr vergesst, dass alle Antworten schon in euch liegen.

Es geht also nicht darum, alles zu studieren, was ihr nur erreichen könnt, um Antworten zu bekommen. Sicher, studiert gerne, wenn und solange es euch Spaß macht. Aber die Antworten werdet ihr, das habt ihr ja schon bemerkt, so nicht finden.

* Gnost = Ein Begriff, der für die innere Fähigkeit des Menschen steht, »kreative Lösung« für Probleme zu finden, bei denen Verstand und Vernunft nicht helfen. Im Deutschen käme der Begriff »intuitive Einsicht« diesem Wort nahe. Gnost ist das »vierte Stuhlbein« des Menschen, eines Stuhls, der von Verstand, Körper, Geist und Einsicht getragen wird. (In der Vorlage »mind, body, spirit and gnost«.)

Viele der früheren Meister haben extreme Disziplinen praktiziert. Sie haben ihren Geist erzogen, ihren Körper gemaßregelt. Sie meinten, wenn sie klar und gebündelt wie ein Laserstrahl werden, wenn sie ihre Energie auf extreme Weise konzentrieren könnten, würde ihnen das irgendwie Erleuchtung bescheren. Aber in Wahrheit haben sich viele von ihnen einfach nur selbst gequält und ihr volles Sein verleugnet. Für Meister der Vergangenheit mag das in gewisser Weise auch funktioniert haben, weil das die Energie war, in der sie sich befanden. Die Energie vor Hunderten oder Tausenden von Jahren war viel fester als heute. Sie war viel dichter, und es war schwieriger, mit dieser Energie zu arbeiten. Deshalb mussten angehende Meister damals diese Art von Disziplin aufbringen. Sie wären sonst in der Festigkeit und Dichte des Bewusstseins stecken geblieben.

In der Ära, in der ihr heutzutage lebt, braucht ihr solche extremen Disziplinen nicht. Ihr müsst Dinge, die ein Teil eures Lebens sind, nicht verleugnen. Ihr braucht keine Angst vor den Dingen um euch herum zu haben. Viele befürchten, es könne sie ablenken, wenn sie sich bestimmten Freuden und Genüssen des Lebens hingeben, sie könnten süchtig danach werden und ihren wahren spirituellen Weg darüber vergessen.

Vielleicht hast *du* selbst dich auch von echter Lebensfreude abgeschnitten, weil du Angst hattest, die Freuden des Lebens zu genießen. Vielleicht hat dein tiefer Seelenwunsch, ein Lehrer der Neuen Energie zu sein, dich meinen lassen, dass dich diese Freuden ablenken würden. Und dann hast du womöglich dein eigenes »Haus des Lebens«

zugeschlossen, deine physische, emotionale, mentale und spirituelle Empfänglichkeit. Jetzt jedoch, in dieser Neuen Energie, kannst du dir all diese Dinge wieder erschließen.

Vielleicht bist du in der Vergangenheit stecken geblieben, zum Beispiel, weil du dem Alkohol zu stark zugesprochen hast, und jetzt hast du davor Angst. Vielleicht warst du in deiner Wut gefangen, und jetzt verschließt du die Tür vor deiner eigenen Wut und sperrst sie aus. Unter Umständen warst du drogensüchtig oder hast in anderen Suchtmustern gesteckt und bist dann weggelaufen, um dich davor zu verstecken, weil du gemeint hast, diese Dinge seien größer und stärker als du.

Ich bitte dich als Meister der Neuen Energie, jetzt all dies loszulassen – denn *keines* dieser Dinge ist größer als du selbst. *Du* bist der Meister, die Meisterin. *Du* entscheidest. *Du* wählst. *Du* bestimmst, wie du es willst. *Du bist der Meister.*

Ein Meister der Neuen Energie ist ganz anders als die früheren Meister. Es nutzt überhaupt nichts, zurückzugehen und die alten Meister zu studieren, denn sie haben aus bestimmten Gründen in ihrer Zeit gelebt. In der Vergangenheit gab es durchaus einige wahre Meister. *Yeshua* (Jesus) zum Beispiel, der vor zweitausend Jahren ein Meister war. Auch er hat für den Wandel, für Veränderung gearbeitet – genau wie ihr. Und er war ein Vorbild, jemand, der aus der Masse herausragte. Er repräsentierte zu jener Zeit das Christus-Bewusstsein auf der Erde. Er war der Eine, der die vielen vertrat, weil die Energie der Zeit danach verlangte. Damals konnte es nicht viele Meister geben, es konnten nur wenige sein.

In der Neuen Energie ist das anders. Es ist an der Zeit, überall auf der Welt viele Meister zu haben, denn es ist für jede Kultur, für jede Region und jede Gemeinschaft Zeit zu sehen, dass Meister gegenwärtig sind. Es ist an der Zeit, dass viele Meister überall auf der Erde die Energie des Neuen verankern helfen, die Energie eines erweiterten Bewusstseins, die Energie des Christus-Samens, der gerade dabei ist zu erblühen.

Jetzt ist die Zeit für viele Meister, nicht nur für wenige. Meister zu sein bringt erstaunlicherweise nicht jene enorme Verantwortung mit sich, die du vielleicht erwarten würdest. In diesem Buch werden wir im Detail darauf eingehen, was ein Meister ist und in welcher Beziehung der Meister beziehungsweise die Meisterin zum eigenen Selbst steht, zur eigenen Innenwelt und zur Außenwelt.

Vertrauen

Die allererste und allerhöchste, die entscheidende Voraussetzung, um ein Meister zu sein, ist Vertrauen zum Selbst. Vertrauen. Das ist die Essenz dieses Buches.

Viele Menschen haben das Vertrauen in ihr Selbst verloren, das Vertrauen in sich selbst. Es sieht aus, als lebten sie in einem Albtraum, als hätten sie sich in einem winzig kleinen Raum selbst abgeschottet. Sie vertrauen ihren Körpern nicht, sie vertrauen ihrem Verstand nur in sehr geringem Maße, und sie haben kaum Vertrauen in ihren Spirit und in ihre intuitive Einsichtsfähigkeit, ihren Gnost. Die meisten Menschen setzen ihr Vertrauen in alles und jedes außerhalb ihrer selbst. Und auch das wechselt häufig, denn sobald Menschen Vertrauen in etwas Äußerliches setzen, lernen sie schnell, diesem auch wieder zu misstrauen, denn sie entdecken bald, dass es nicht unbedingt auf einer perfekten Grundlage beruht. Sie machen die Erfahrung, dass der Sockel, auf dem es steht, jederzeit einstürzen kann, und das veranlasst sie, noch weniger zu vertrauen.

Seht euch zum Beispiel eure Führungspersonen an. Ein neuer Anführer taucht auf, ihr seid begeistert, ihr habt Hoffnung, ihr meint, dass sich jetzt wirklich etwas ändert. Da dieser Anführer jedoch das Gesamtbewusstsein der Menschheit oder eines Landes oder eines einzelnen Ortes repräsentiert, werdet ihr bald feststellen, dass er genauso anfällig für Fehler ist wie ihr selbst. Vielleicht hat dieser Führer gar keine größere Vision als ihr. Vielleicht ist er in einen der üblichen Skandale rund um Drogen oder Sex oder Geld und solche Sachen, die mit Macht zu tun haben, verwickelt. Und schon wieder bricht euer Vertrauen ein – bis ihr jemand neuen findet, der euch etwas verspricht, jemand anderen, dem ihr vorübergehend vertrauen könnt. Im Laufe vieler, vieler Jahre und über viele, viele Lebenszeiten hinweg habt ihr also sowohl das Vertrauen in euch selbst verloren als in die Dinge der Außenwelt.

❦ MEISTER VERTRAUEN SICH SELBST BEDINGUNGSLOS.

Ein Meister hat seinen Körper verstanden und vertraut ihm. Er weiß, dass der Körper so geschaffen wurde, dass er sich selbst auf wundersame Weise heilen kann. Ihr habt dieses Vertrauen verloren. Ihr vertraut lieber einem Arzt, einer Klinik, einem Heiler – aber *sie* vertrauen sich selbst doch auch nicht, und dann geht das immer so weiter. Dieser Kreislauf des Misstrauens geht weiter und weiter.

Vielleicht versuchst du, mediale oder intuitive Fähigkeiten anzuwenden, aber die Antworten, die du bekommst, entsprechen nicht immer deinen Erwartungen. Vielleicht kommt nicht die »richtige« Antwort – oder zumindest nicht das, was du für richtig hältst –, und dann vertraust du deinem eigenen inneren Gefühl, deiner inneren Stimme, deiner Führung auch nicht mehr.

Was also tun? Du betest. Du betest. Du betest zu einem unbekannten Gott. Du betest zu den Engeln. Du betest zu Tobias. (Sehr wenige von euch beten zu mir!)

Ihr betet zu diesen Wesen, die euch auch hören, die euch lieben, aber die es nicht für *euch* tun können. Sie können nur *eure* Entscheidungen und eure Wahl unterstützen.

Also verliert ihr auch das Vertrauen in die Dinge, die in den anderen Dimensionen existieren, Vertrauen in Spirit. Und jedes Mal, wenn das geschieht, isoliert ihr euch mehr und mehr. Ihr blockiert euren Energiefluss. Anstatt einem reichen Strom an Leben spendender Energie zu erlauben, in euch einzufließen und durch euch hindurch zu strömen, lasst ihr nur eine kleine Menge davon zu, gerade genug, um euch zu erhalten, um über die Runden zu kommen. Ihr lasst nur genug zum Überleben in euch hinein.

Ein Meister der Neuen Energie vertraut *allem* von sich selbst. Das klingt womöglich einfach, kann aber eine große Herausforderung darstellen.

Atme jetzt einmal richtig tief durch.

Wie sehr vertraust du *dir selbst*? Keinem anderen, sondern dir selbst?

Vertraust du darauf, dass sich dein Körper selbst heilt? Dass er sich selbst wieder in Balance bringt, wenn Krankheit auftritt? Vertraust du darauf, dass dein Körper dir jeden Tag dient, ohne sich aufzulehnen, oder gegen etwas anzukämpfen, ohne zu sterben? Wahrscheinlich nicht. Sehr, sehr wenige Menschen tun das.

Vertraust du deinem Verstand? Vertraust du deinem Geist,

dass er dir die Antworten liefert, die du für den Alltag brauchst, oder um alle Informationen zu bekommen, die nötig werden? Vertraust du darauf, dass dein Verstand dir Information über Dinge gibt, die du nie erlernt hast und von denen du bisher überhaupt nichts weißt? Dein Geist als Verstand kann das durchaus, denn durch dein Bewusstsein, durch deinen Spirit, hat dein Verstand Zugang zur universalen Bibliothek, in der alle Dinge existieren, die jemals gewusst und erschaffen wurden. Der Verstand ist keineswegs ganz auf sich selbst beschränkt und auf das, was man gelernt hat. Er ist vielmehr ein »Prozessor« für *alle* Informationen, er verarbeitet *alle* Informationen weiter.

Erkennst du jetzt, dass du einen Zugang zu sehr tiefen und komplexen mathematischen Formeln haben könntest, die du sogar verstehen würdest, wenn du deinem Verstand total vertrautest? Ihr könntet Zugang bekommen zum Verständnis des Raums zwischen dem Raum, zu dem, was auf den interdimensionalen Ebenen passiert. Ihr könntet all diese Dinge intellektuell verstehen, wenn ihr eurem Geist wirklich vertrauen würdet. Aber ihr habt ihn blockiert, begrenzt, zurückgewiesen und entlang des ganzen Weges Mauern, Hindernisse und Straßensperren errichtet. Ihr habt gemeint, dass euch euer Verstand ganz verrückt macht. Ihr habt gedacht, dass euch euer Geist hintergeht und deshalb habt ihr ihn abgeriegelt.

Vertraust du deinem Spirit, deinem höheren Bewusstsein? Während du hier sitzt und dieses Buch liest: Vertraust du deinem eigenen Spirit? *Wärest du bereit, deinem Spirit jetzt dein Leben zu übergeben?* Vermutlich nicht. Du übergibst es vielleicht *Tobias* oder *Kuthumi**, wahrscheinlich *Kuan Yin*. Doch würdest du dein Leben und deine Existenz, deine Seele – *dein ewiges Leben* – jetzt deinem eigenen Spirit übergeben? Wahrscheinlich nicht, weil du noch nicht einmal weißt, was dein Spirit ist und noch viel weniger, was deine Seele ist.

Du meinst vielleicht, dass dein Spirit nie wirklich für dich da gewesen ist, wenn du nach ihm gerufen hast. Wenn du in der Nacht nach ihm gerufen hast – nach dir, nach Gott –, ist er nicht da gewesen. Dein Spirit spricht keine Sprache, er hat keine Arme und keine Hände, er vollbringt keine Wunder, wie du es vielleicht erwartest. Also hast du gelernt, nicht einmal deinem Spirit zu vertrauen. Und du wurdest womöglich so informiert, ausgebildet und geistig kontrolliert, dass du glaubst, du würdest dich mit deinem Spirit nicht wiedervereinen, bis du gestorben bist. Deshalb hast du diesen Teil von dir ausgeschlossen. Du hast deinen eigenen Spirit ausgesperrt.

Was bleibt dir dann noch übrig? Ein geringes oder gar kein Vertrauen in deinen Körper, in deinen Verstand, in deinen Geist – und ein recht tiefes, grundlegendes Misstrauen gegenüber Gott. Denn der Gott, den man euch in euren frühen Jahren nahegebracht hat, war zornig, verurteilte Menschen *und reagierte nicht auf eure Hilferufe*. Was ist also noch da? Sehr, sehr wenig. Ihr führt ein kleines, kleines Leben.

Es gibt nur wenige Aspekte deiner selbst, zu denen du ein gewisses Vertrauen hast. Du weißt, dass du morgens

* Aufgestiegene Meister; mehr dazu auf Seite 181.

selbstständig aufstehen kannst, zumindest meistens. Du weißt, dass du es zur Arbeit schaffst, hoffentlich. Du weißt, dass du dich selbst ernähren kannst, aber oft traust du noch nicht einmal dem, was du isst. Du weißt, dass du das Leben schon irgendwie bewältigen kannst, aber du hast Angst, dich wirklich für das großartige Potenzial zu öffnen, das da ist, weil du dir selbst nicht vertraust.

Ein Meister lernt, sich selbst auf *jeder nur denkbaren Ebene* zu vertrauen, ohne zusätzliche Hilfe, ohne Intervention von außen. Das verlangt einen unerschrockenen, kraftvollen und kühnen Schritt nach vorn. Das braucht den bedingungslosen Mut, mehr an sich selbst zu glauben als bei allem, was man bisher im Leben getan hat. Dieses Vertrauen allein ist bereits der größte und wichtigste Teil der Meisterschaft. Denn dieses Vertrauen in sich selbst wird zu all den anderen Dingen führen, auf die wir in Zusammenhang mit Meisterschaft noch näher eingehen. Diese Brücke zum Vertrauen in dich selbst musst du aber zuerst einmal überschreiten.

Atme tief durch.

Man kann sich nicht zwingen zu vertrauen. Du kannst das nicht befehlen. Man kann kein Programm, keinen Plan und keine Methode dafür erarbeiten. Es geschieht einfach, wenn du dich dafür *entscheidest*. Vielleicht geht es Schritt für Schritt vor sich, allmählich, Grad um Grad. Du wirst feststellen, dass dies von allem, was du jemals unternommen hast, die großartigste Sache ist, die am tiefsten reicht: diese Rückkehr zum Vertrauen in dich selbst.

Ich, Saint-Germain, spreche aus Erfahrung. Ich spreche als ein Meister, weil ich das selbst durchgemacht habe. All die großartigen Gaben, die ich habe – meine besonderen Fertigkeiten, meine Fähigkeit, buchstäblich großartige Fülle zu manifestieren, einen physischen Körper anzunehmen, ein wunderbarer Liebhaber zu sein, einen überragenden Intellekt zu besitzen –, all das ist mir nicht geschenkt oder verliehen worden. Ich musste nicht um meine Gaben feilschen, ich habe auch nicht meine Seele verkauft, um sie zu erlangen. *Ich habe gelernt, mir selbst zu vertrauen.*

Das hat viele Leben gedauert. Ich habe Äonen in meinem eigenen »spirituellen Gefängnis« zugebracht, in meinem eigenen »energetischen Kristall«. Es hat all diese Dinge gebraucht, aber das habt ihr heutzutage nicht mehr nötig. Ein Meister zu sein reduziert sich auf eines: *sich selbst zu vertrauen.*

Wir werden später noch darauf zurückkommen, aber jetzt wollen wir uns erst einmal mit einigen Eigenschaften der Meister der Neuen Energie befassen. Manche dieser Attribute scheinen ein bisschen widersprüchlich zu sein. Manche Eigenschaften lösen vielleicht sogar Ärger aus, weil sie unter Umständen dem widersprechen, was ihr bisher gelernt habt.

Gestatte dir, all diese Energien zu empfinden. Nimm nicht einfach blindlings an, was ich sage, sondern vertraue dem, was du in dir spürst.

Elegant einfach und leicht

Die erste Phase der Erfahrung von Meisterschaft, die man durch das vollständige Vertrauen für das Selbst erreicht, besteht darin: Der Meister lernt, dass *alles elegant einfach und leicht* ist. Das ist das Erste, was ihr entdecken werdet: dass alles elegant einfach und leicht ist.

Mit misstrauischen Augen seht ihr die Welt als etwas sehr Komplexes. Das hat euch veranlasst zu glauben, dass es euch nie möglich sein wird, wirklich zu begreifen, wie das Leben funktioniert. Viele von euch gehen sogar so weit zu glauben, dass die Antwort nicht vor eurem physischen Tod auftauchen kann. Das stimmt übrigens nicht. Einem Meister kann sich die Antwort *jetzt* zeigen.

Alles ist auf elegante Weise einfach, es scheint lediglich komplex. Ihr blickt von unten auf diesen wunderschönen Bilderteppich, den man Leben nennt. Ihr schaut von der Unterseite des Webstuhls, von wo aus die Dinge chaotisch wirken. Wenn ihr jedoch zu einem reinen und bedingungslosen Vertrauen gelangt, werdet ihr beginnen, das Gewebe von oben zu sehen. Dann werdet ihr bemerken, wie schön und einfach es gestaltet ist.

Wisst ihr, Energie *ist einfach nur Energie*. Es ist ein neutraler Zustand, bis er aufgeladen oder polarisiert und in die reale Manifestation gebracht wird. Der Kern von allem, außer der Seele, ist nichts als Energie. Das ist nicht gut, das ist nicht schlecht. Es ist weder organisiert noch ist es Chaos. Es ist nur Energie.

Auch eure Schüler suchen nach elegant einfachen Antworten. Wenn ihr euch jedoch auf den Weg der intellektuellen Komplexität begebt, werdet ihr nie zum Ende kommen. Denn dann findet ihr einfach zu viel Freude an eurer Suche, geht diesen kleinen Wegen nach, jenen mentalen Abzweigungen – ihr spielt dann dieses ganze Versteckspiel mit euch selbst. Die Antwort ist jedoch immer elegant und einfach.

In bestimmten Situationen deines eigenen Lebens oder wenn Studenten mit den Wunsch nach Antworten zu dir kommen, werden diese Antworten immer erstaunlich einfach sein – wenn du es zulässt. Die Menschen neigen aufgrund ihrer Ausbildung dazu, alles sehr kompliziert zu machen, sehr analytisch, sehr strukturiert. Im System der gesamten Energie ist aber nichts strukturiert. Ihr wollt das zwar gern annehmen, ihr möchtet gern glauben, dass es mathematische Gesetze gibt, die das Universum bestimmen, aber es gibt sie nicht. Sicher, es gibt Illusionen, es gibt Trugbilder. Im Kern indes ist *alles* auf elegante Weise einfach.

Jetzt sagst du vermutlich: »Na gut, sag dann mal, was ›einfach‹ bedeutet.« Aber das herauszufinden, ist *deine* Aufgabe. Wann immer sich *irgendeine* Situation in deinem Leben ergibt, blickst du über deren Komplexität hinweg und erkennst, dass sich die Umstände einfach nur verkleiden. Sie tun so, als seien sie kompliziert. Schau in die Einfachheit, blicke in die Wesensenergie von allem, was dich umgibt.

Wenn du das mit dem Verstand tust, machst du es voraussichtlich komplizierter. Die einfachen Antworten kommen aus dem Herzen. Der Kopf folgt dann schon, er wird reagieren, er wird zu einem angemessenen intellektuellen Verstehen gelangen, aber Meister begreifen, dass alles auf elegante Weise einfach und leicht ist. Manchmal fällt dir die Einfachheit nicht auf Anhieb auf, und das ist dann der Punkt, an dem sich der Verstand einmischt und Antworten zu finden versucht, indem er sich mit der Komplexität befasst statt mit der Einfachheit.

Dann ist es Zeit innezuhalten … tief durchzuatmen … nichts mehr erzwingen zu wollen … und die einfache Antwort kommen zu lassen. Sie wird kommen. Das tut sie immer. Das ist eine Art und Weise, wie sich der Zauber der Meisterschaft der Neuen Energie bemerkbar macht.

Die Antwort *wird* zu dir kommen – sie muss kommen. Du hast sie gerufen, du hast sie herbeizitiert, und deshalb wird sie auch kommen. Vielleicht kommt sie nicht genau in dieser Minute, aber sie wird kommen. Sie wird. Es ist einfach so. Das ist kein Gesetz, das ist kein Prinzip. Es ist einfach.

An dieser Stelle muss ich euch daran erinnern, dass ihr als beseeltes Sein, als einzigartiges Wesen und Ausdruck dessen, was nicht gesagt werden kann, überhaupt kein Energiewesen seid. Euer Kern, eure Essenz enthält keinerlei Energie. Ihr seid vielleicht zu der Überzeugung gelangt, ihr wäret ein Energiewesen, aber das seid ihr nicht. Ihr *nutzt* Energie, ihr bringt sie in eure Wirklichkeit und *wendet* sie an. Deshalb glaubt ihr, dass ihr

Energie *seid,* aber das seid ihr nicht. Ihr seid nicht mehr ein Energiewesen, als ihr in dieser »Realität« seid – denn diese Realität ist ebenfalls eine Illusion. Ihr bringt Energie hinein, ihr verwendet sie, ihr lasst zu, dass sie euch dient, aber ihr seid kein Energiewesen und das ist eine einfache, eine sehr elegant einfache Erkenntnis!

Das eigene Selbst zuerst

Tu es zuerst für dich selbst. Das geht vielen Lehren der letzten fünftausend Jahre oder mehr gegen den Strich. So viele der alten Meister haben es für andere getan. Sie haben sich aufgeopfert – zumindest besagen das die Schriften, die von ihnen berichten. Aber ich kann euch von vielen Fällen erzählen, in denen das primäre Interesse dieser Meister *nicht* darin bestand, anderen zu dienen. Das wäre ja auch ein Witz. Das wäre Kontrolle. Wie kann man ein Meister sein, wie kann man ein Lehrer sein, wenn man sich nicht zuerst um sich selber kümmert. Das ist ein sehr einfaches Prinzip.

Ihr seid in dem Glauben gelassen worden, dass Erleuchtung entsteht, indem man anderen dient, indem man gibt und Kirchen oder Organisationen zum Überfluss verhilft, indem man sich opfert. Das ist, offen gesagt, sehr alte Energie.

Als Meister kümmerst du dich zuerst um dich selbst – um deinen Körper, deinen Geist, deinen Spirit. Du achtest darauf, erst einmal selbst wieder in Balance zu kommen. Du wirst dir über dich selbst klar und kümmerst dich um deine Gesundheit. Du entwickelst eine multidimensionale Arbeitsweise. Die meisten Menschen leben ja nur in einer Dimension – sie existieren nur so eben in der dritten Dimension. Ihr aber werdet jetzt in zahlreichen Dimensionen leben und wirken.

Wenn du klar, ausgeglichen und gesund bist, werden andere das sehen und spüren. Du wirst für sie zum Vorbild. Wenn du hingegen niedergeschlagen bist, wenn du krank bist, wenn du finanziell erschöpft bist und vor dem Gerichtsvollzieher davonläufst, wirst du kein Vorbild für andere sein. Deine vermeintliche Meisterschaft ist dann eigentlich nur ein Witz. Andere Menschen brauchen ein Beispiel für echte Meisterschaft, und – mehr als alles andere – *verdienst du es.*

Könnt ihr das akzeptieren? Ihr verdient es. Es steht euch zu. Es steht euch zu, dass ihr euch um euch selbst kümmert. Da ihr euch selbst oft nicht mehr vertraut, meint ihr nun, ihr solltet euch auch nicht um euch selbst kümmern. Man hat euch glauben lassen, dass ihr alles für jeden anderen tun sollt, aber nicht für euch selbst.

Dann sind Begriffe entwickelt worden wie »selbstsüchtig«, »egoistisch«, »ganz von sich eingenommen«, »selbstbezogen«. Und was sie bezeichnen, hält man für etwas Schlechtes. Ich sage euch aber, dass es das Größte ist, ganz auf das Selbst bezogen zu sein! Ich kann anderen nur dienen und helfen und etwas beibringen, wenn ich klar und ausgeglichen bin. Ihr hört, wie ich auf meine flamboyante Art und Weise über meine eigene Großartigkeit und Intelligenz spreche und natürlich über meinen Charme und mein gutes Aussehen – auch deshalb, um euch ein Beispiel zu geben. Wenn man so etwas nicht zuerst von sich selbst sagen kann, darf man sicher sein, dass es auch kein anderer über einen sagt.

Meister kümmern sich zuerst um sich selbst, und das geht den meisten Ausbildungen und Lehren, die ihr kennt, gegen den Strich – wenn nicht sogar allen. Und es wird sich mit Sicherheit auch nicht mit der Ausbildung jener Schüler vertragen, die zu euch kommen, um von euch weiter ausgebildet zu werden. Sie werden anfangs schockiert oder sogar ärgerlich sein, aber allmählich werden sie es verstehen.

Achtet auf euch, kümmert euch um euch selbst. Das ist das Grundlegendste und Heiligste, was ihr für euch tun könnt.

Ihr seid nicht für andere Menschen verantwortlich, ihr tragt keine Verantwortung für das Massenbewusstsein. Und es ist höchste Zeit zu erkennen, dass die Vorstellung, dass alle im Gleichschritt fortschreiten, nichts als eine Illusion ist. Es gibt manche, die lehren und predigen, dass das, was einem geschieht, allen passiert, dass alle auf einen einzigen Nachzügler warten müssen. Das stimmt überhaupt nicht. Ihr seid alle souverän, unabhängig. Es gibt nichts, wodurch festgelegt wäre, dass du irgendeinen anderen neu ausrichten oder reparieren müsstest, und das wäre ja auch eigentlich eine Schmach für diesen anderen.

Das Beste, was du für andere tun kannst, ist, sie und ihren Weg zu ehren und ihre Entscheidungen zu achten, wie immer sie ausfallen mögen. Und das Zweitbeste, was du für sie tun kannst, ist, da zu sein, wenn sie nach einem Lehrer rufen. Versuche aber nicht, jene zu belehren, die gar nicht darum gebeten haben. Ihr habt doch mitbekommen, was gerade mit den Kirchen und ihren evangelikalen Bewegungen passiert, die versuchen, jeden zu bekehren. Hat das der Erde Frieden gebracht? Hat das die Armen ernährt? Löst es die Probleme der Welt, wenn du anderen deinen Willen und deine Träume aufdrängst? Auf keinen Fall. Wenn Menschen bereit wären, Achtung und Mitgefühl für jeden Mitmenschen zu empfinden, wer immer er auch sei, dann würde *das* die Energie wirklich verändern.

Achtet zuerst auf euch, kümmert euch um euch selbst. Das ist ein wesentliches Prinzip.

Atmen wir jetzt einmal tief durch.

Alle Energie kann dienen

Der Meister, die Meisterin begreift, dass alle Energien dienen. Ich weiß, dass das ganz anders klingt, als es viele frühere Lehren besagt haben. Energie will euch *dienen,* deshalb gibt es sie. Tatsächlich habt ihr es sogar selbst so organisiert, dass sie euch zur rechten Zeit *dient.*

Energie existiert an einer Vielzahl unterschiedlicher »Orte«, wie ihr diese Ebenen wohl nennen würdet. Energie ist auf den verschiedenen kosmischen und engelhaften Ebenen gespeichert. Auch in dem, was ihr inzwischen das Feld nennt. »Das Feld« ist nichts anderes als neutrale Energie, die darauf wartet, euch zu dienen.

In euch selbst ist Energie, die darauf wartet, euch zu dienen. Es gibt nicht-physische Wesen zu euren Füßen, in diesem Augenblick, die darauf warten, euch zu dienen. Eure Haustiere warten darauf, euch zu dienen. Chancen, neue Jobs warten darauf, euch zu dienen. Geld wartet darauf, euch zu dienen.

Sie alle stehen an, um euch zu dienen. Aber ihr habt ihnen den Rücken zugewandt, denn ihr habt euch davon überzeugen lassen, dass *ihr* jedem und allen dienen müsstet. Euch ist sogar eingetrichtert worden, dass der Begriff »Diener« etwas Negatives bezeichnet. Das ist jedoch keineswegs der Fall.

Der Meister, die Meisterin versteht dieses reine Prinzip. Sie verstehen, dass sie die Energie nie *besitzen* werden – denn ihr *besitzt* überhaupt nichts. Meister begreifen aber, dass alle Energien ihnen dienen wollen, und genau das achten und schätzen sie.

Ein neuer Mensch, der etwas für dich tun möchte, könnte plötzlich in deinem Leben auftauchen. Wie oft schiebst du das aus deinem Leben, weil du meinst, du seist nicht würdig, es zu empfangen? Oder weil du meinst, du müsstest das Gleiche doch auf die alte Art und Weise erreichen, indem du dich anstrengst und darum kämpfst? Oder weil du Angst hast, dass die Person vielleicht Hintergedanken hat?

Geldenergie gibt es, um euch zu dienen, aber die Menschen haben das Glaubensmuster verinnerlicht, dass Geld schlecht sei. Ich frage mich, wer euch das beigebracht hat? Andere Leute, andere Institutionen, auch die Kirchen. Geld ist an sich nichts als ein Stück Papier. Du hast dich darauf eingelassen und angenommen, dass es Wertigkeit, Geltung und Nutzen besitzt – und deshalb besitzt es diese Wertigkeit und existiert auf diese Weise, um dir zu dienen. Es möchte in dein Leben kommen.

Es gibt Devas, Naturwesen, die euch dienen wollen. Ihr geht also im Wald spazieren, tut aber so, als ob sie nicht da wären. Ihr gebt vor, nicht zu begreifen, wie sie euch dienen können. Ihr tut so, als brauchtet ihr mehr Erleuchtung, bevor euch so etwas (eine Begegnung und die Hilfe durch ein Naturwesen) passieren könne.

Diese Wesen sind jedoch tatsächlich hier auf der Erde, um euch und Gaia zu Diensten zu sein. *Erlaubt* ihnen, euch zu dienen, denn das vermittelt ihnen eine große Befriedigung. Deshalb sind sie doch jetzt hier. Es ist ein Teil ihrer Evolution, auf diese Art und Weise zu dienen. Es befriedigt sie, und es erfüllt sie mit Freude, euch zu dienen.

Wir, alle Engelwesen um euch herum stehen euch zu Diensten. Wir warten, bis wir endlich an der Reihe sind. Viele von euch halten noch immer an ihrer alten Vorstellung von Geistführern fest. Ihr habt versucht, sie für eure Zwecke zu benutzen, wolltet, dass sie Dinge *für* euch erledigen, dass sie Fragen *für* euch beantworten, dass sie euch leiten. Aber dazu sind sie nicht hier. Sie sind hier, um zu dienen und dann für euch an die Arbeit zu gehen, nachdem ihr eure Entscheidungen getroffen habt, und während ihr selbst zu eurer Meisterschaft gelangt.

Der Meister und die Meisterin begreifen, dass ihnen alle Energien *dienen*. Nutze das. Spiele damit. Erwecke es zum Leben. Geniere dich nicht, wenn eine andere Person, ein anderes Wesen kommt, um dir zu dienen. Du bist der Meister, du bist die Meisterin: Akzeptiere diese Position.

Keine Kompromisse

Der Meister macht keine Kompromisse. Meister machen keine Zugeständnisse, wenn es um ihre Werte geht, und vor allem machen sie beim Vertrauen keinerlei Abstriche. Wir sprechen hier nicht so sehr über zwischenmenschliche Beziehungen. Wir sagen nicht, dass man Dinge mit einer anderen Person nicht auf kooperative Art und Weise besprechen und vereinbaren kann. Wir sprechen vielmehr darüber, dass man seine zentralen Werte nicht kompromittiert, das eigene Vertrauen nicht untergräbt.

Oft gehen Menschen bei dem, woran sie glauben, Kompromisse ein, weil sie sich selbst nicht vertrauen, weil sie sich unsicher sind. Sie kompromittieren dann ihre Einfachheit, ihre Integrität und das, was sie für sich als richtig erkannt haben. Und wenn du wider besseres Wissen Abstriche von dem machst, was du wirklich bist, verlierst du mehr und mehr das Vertrauen in dich selbst.

Das bezieht sich jetzt nicht darauf, wie du mit anderen Menschen umgehst. Es hat mit dir selbst und deinem eigenen Selbst zu tun. Wenn du dich in einer Situation befindest, die von dir Zugeständnisse verlangt, dann gehe zu *deinen* Werten zurück, geh zu *dir selbst* zurück. Die Leute machen unter so vielen Umständen Kompromisse, statt dem zu folgen, was sie als real und richtig erkennen.

Jetzt ist es wieder Zeit, tief durchzuatmen und sich anzuschauen, was vor sich geht. Jedes Mal, wenn du einen Kompromiss eingehst im Hinblick auf dich selbst und deine eigenen Werte, ist das in gewisser Weise so, als ob du dich selbst in viele Stücke aufsplitterst, als ob du dich in kleine Fragmente zerschneidest, sodass du nicht mehr länger ganz und vollständig bist. Dann bist du eine Ansammlung von kompromittierten und misstrauischen Fragmenten oder Aspekten deiner selbst.

❦ DER MEISTER BLEIBT SICH SELBST TREU.
MEISTER MACHEN KEINE KOMPROMISSE.

Entscheidungen

Der Meister trifft Entscheidungen. Das scheint auf den ersten Blick zwar selbstverständlich zu sein, aber wenn ihr euch die realen Lebensumstände der Menschen anschaut, werdet ihr feststellen, dass die meisten in Wirklichkeit gar keine eigenen Entscheidungen treffen. Klar treffen sie hier und da eine Wahl, zum Beispiel, was sie an dem Tag anziehen sollen – aber selbst dabei sind sie oft schrecklich konfus. Für uns in den anderen Dimensionen ist es ärgerlich, euch zuzusehen, wie ihr morgens aufsteht. Ihr seid so verwirrt, und wir können nur den Kopf schütteln und sagen: »Das wird ein ziemlich schwieriger Tag heute. Wenn sie sich noch nicht einmal entscheiden können, was sie anziehen oder zum Frühstück essen, wird der Tag mit dieser Menschheit für uns heute ziemlich lang.«

Der Meister trifft Entscheidungen und *hat keine Angst davor.* So viele Menschen fürchten sich, eine Wahl oder eine Entscheidung zu treffen, weil sie Angst haben, dass sie sich falsch entscheiden. Sie haben Angst, ihre Wahl könnte vielleicht jemand anderen stören oder sie könnten sich für etwas entscheiden, was die ganze Ordnung durcheinanderbringt. Sie scheuen sich, irgendetwas zu tun, was sie herausragen oder anders aussehen lässt als andere. Sie sind im Grunde genommen nicht darauf programmiert, Entscheidungen zu fällen, sondern nur darauf, anderen hinterherzutrotten.

Der Meister trifft Entscheidungen sehr bedacht, denn er handelt, wie Meister und Schöpfer es tun. Meister haben auch verstanden, dass sie trotz aller Entscheidungsfreiheiten und Auswahlmöglichkeiten das Endergebnis nicht bestimmen können. Sie versuchen nicht, das Ergebnis zu kontrollieren oder einzuschränken, denn eine Entscheidung stellt lediglich eine Ausrichtung dar und ein Potenzial, dem sie erlauben, sich zu entfalten. Die Entscheidung liegt bei dir, aber du gibst ihr die Freiheit, sich auf eine nicht irgendwie begrenzte Art und Weise zu entfalten.

Indem du in deinem Leben eine bewusste, wohlüberlegte Entscheidung triffst, verwandelst du die dynamische Entwicklung deiner Energie. Du veränderst die Art, wie du Energie in dein Leben hineinnimmst und wie du Energie in dein Leben aussendest. Wann immer du eine bedachte und bewusste Wahl triffst, energetisierst du dich selbst. Du lädst die Energie auf und gibst ihr eine bestimmte Richtung. Wenn du hingegen keine Entscheidungen triffst, gibt es auch keine Bewegung, und wenn sich nichts bewegt, kannst du auch nichts in dein Leben bringen, was für dich geeignet wäre.

Der Meister trifft also Entscheidungen, und zwar auf einem hohen Niveau. Meister entscheiden sich, Fülle zu erfahren. Sie entscheiden sich, Meister zu sein, Lehrer zu sein. Sie treffen die Wahl, biologisch und physiologisch in Balance zu sein.

Das ist das, worüber Meister entscheiden, nicht unbedingt, welche Schuhe sie anziehen. Du wirst indes feststellen, dass sich alle Dinge in deinem Leben auf natürliche Weise ergeben, wenn du erst einmal die wirklich wichtigen Entscheidungen getroffen hast. Du musst dann nicht mehr vor deinem Schrank stehen und nachgrübeln, was du anziehen sollst, weil du dann ja weißt, wer du bist. Und du wirst erkennen, wie sich das in der entsprechenden Kleidung widerspiegelt. Du musst also nicht mehr jeden Tag hin und her überlegen, ob du dich farbenfroh oder Ton in Ton anziehen sollst, eher sportlich oder lieber förmlich. Du wirst genau das Richtige auswählen, weil das dich widerspiegelt. Du wirst genau das aussuchen, was dir entspricht und stimmig ist. Du musst also morgens nicht mehr vor dem Spiegel stehen und dich fragen, ob du richtig angezogen bist, weil du weißt, dass du ausgezeichnet aussiehst. Du spiegelst die Entscheidungen wider, die du getroffen hast.

Entscheide dich. Triff Entscheidungen mit hohem Anspruch und auf hohem Niveau. Wichtige Entscheidungen. Die kleineren ergeben sich dann wie von selbst. Eine Wahl zu treffen ist ein mutiger Schritt. Du wirst danach überrascht bemerken, dass du früher keine bewussten Entscheidungen getroffen hast. Und du wirst sehr deutlich wahrnehmen, wie andere Menschen ihr Leben führen, wie sie in Wahrheit keine ihrer Wahlmöglichkeit nutzen. Sie bleiben in ihrem alten Fahrwasser stecken. Vermutlich ist das auch eine Art von Entscheidung, aber keine, die ein Meister treffen würde.

Unabhängigkeit

Meister erkennen, dass sie ein in sich vollständiges, unabhängiges Wesen sind. Ihr braucht kein einziges Partikelchen oder auch nur einen Krümel Energie von irgendwo außerhalb eurer selbst zu bekommen. Als Meister, als Meisterin seid ihr unabhängig. Ihr seid wie ein *Perpetuum mobile.* Ihr braucht keine Energie von außen, und ihr müsst auch keine Energie abgeben. Ihr seid in euch vollständig und »netz-unabhängig«. Alles, was ihr braucht, ist in euch.

Das ist etwas, was die Meister früherer Zeiten nicht schaffen konnten. Doch die Meister der Neuen Energie können es, weil seit den letzten Monaten des Jahres 2005 eine Veränderung stattgefunden hat, die ihr auf einer tiefen inneren Ebene in euch zugelassen habt. Ihr habt euren eigenen Energiegenerator in diese Wirklichkeit gebracht. Ihr habt ihn buchstäblich in euren physischen Körper gebracht. Er arbeitet in allen Zellen, Atomen und leeren Zwischenräumen eures physischen Körpers, um euch sämtliche Energie zur Verfügung zu stellen, die ihr braucht.

Vielleicht fragst du dich: »Warum muss ich dann überhaupt noch etwas essen?« Schlussendlich wirst du tatsächlich in der Lage sein, ohne Essen auszukommen.

Du wirst irgendwann fähig sein, Energie selbst zu erzeugen. Dann brauchst du keine Energie mehr von irgendwo sonst, vor allem nicht von anderen Leuten. Dann brauchst du anderen Menschen keine Energie mehr abzusaugen. Dann brauchst du überhaupt nichts von dem, was sie haben.

Ihr müsst noch nicht einmal Energie aus dem beziehen, was wir »das Feld« nennen. Ihr seid eingeladen, es zu tun, wenn ihr es bewusst macht. Aber ihr braucht es nicht, weil ihr völlig unabhängig seid.

Das alles ist ziemlich offensichtlich, sozusagen ein Grundprinzip des Lebens – aber die Menschen sind so darauf »trainiert« worden zu glauben, dies alles käme von außerhalb ihrer selbst. Alles. Ihnen wurde beigebracht, dass sie etwas auf der äußeren Ebene lernen müssten, dass sie äußerliche Dinge erwerben sollten, dass sie ihre Bitten und Gebete nach außen richten müssten.

In Wahrheit hast du bereits alles, aber du traust dir selbst nichts zu, also hast du es bislang noch nicht genutzt und angewandt. Du vertraust nicht darauf, dass alles schon da ist. Du vertraust noch nicht einmal den Worten, die ich dir hier sage. Du meinst, ich spräche zu jemand anderen. *Du* hast alles. Fang an, es zu nutzen. Beginne, damit zu spielen. Fang an, auszuprobieren und zu erfahren, was es bedeutet, dein eigener Energiegenerator zu sein.

Wenn ich über Energie rede, spreche ich von Energie, um deinen physischen Körper zu erhalten, von einer Energie, die deinen Geist in Schwung *und* an das universelle Bewusstsein angeschlossen hält. Es geht um eine Energie, die deinen Spirit hier auf der Erde erhalten soll – das allein ist gewaltig. Bis vor Kurzem war es sehr schwierig, euren Spirit beziehungsweise eure Essenz oder eure Seele hier in dieser Realität zu bewahren. Häufig war euer Spirit ganz woanders. Meistens war er eingesponnen in einer Art von Kokon und schaute von dort nach innen in eine andere Dimension. Langsam, aber sicher habt ihr jedoch den Raum geschaffen, habt die Art von Grundlagen gelegt oder die dynamischen Entwicklungsmöglichkeiten erzeugt, die es nun möglich machen, dass eure Essenz mit dieser Realität verschmilzt und ganz ins Jetzt eintritt.

Ihr könnt nicht euren Körper sezieren, um herauszufinden, wo diese Essenz wohnt, weil sie in allem ist. Sie besteht nicht in irgendeinem Energieband um euch herum. Sie ist in keinem speziellen Chakra verborgen. Du *bist* diese Essenz, und jetzt hast du einen Zugang dazu gewonnen – zu dir, zu deinem Selbst, deinem Spirit, deiner Seele, wie du es auch nennen möchtest –, in dieser Wirklichkeit, genau hier und jetzt.

IHR SEID UNABHÄNGIGE ENERGIEWESEN
UND IHR SEID DIE ERSTE GENERATION VON MEISTERN,
FÜR DIE DAS JEMALS GESTIMMT HAT.

Mehr über Vertrauen

Atme tief ein.

Atme Vertrauen in dich ein.

Vielleicht ist es lange her, dass du erlebt hast, wie es ist, wenn du dir selbst wahrhaftig vertraust – deinen Gefühlen, deiner Intuition, deiner geistigen Anleitung, deiner persönlichen Führung. Vielleicht ist es schon zu lange her, dass du dir gestattet hast, dich über alle Zweifel zu erheben, über sämtliche Begrenzungen hinaus, um dir wirklich selbst zu vertrauen.

Wenn ihr anfangt, dieses Vertrauen zuzulassen, werdet ihr auch nach bestimmten Anzeichen dafür suchen. Ich bitte euch jedoch, dies nicht zu tun. Wenn ihr es euch wieder zur Gewohnheit macht, euch selbst zu vertrauen, werdet ihr wissen wollen, ob ihr das Richtige macht, ob ihr die richtigen Entscheidungen trefft. Ihr wollt sicher sein, dass ihr richtig liegt. An dieser Stelle bitte ich euch indes, eure Vorstellungen von »richtig« und »falsch« loszulassen.

Ich weiß, dass einem das schon ein bisschen Angst machen kann, da all eure Verteidigungsmechanismen, die euch ja schützen sollen – den physischen Körper, den Geist und alle anderen Aspekte eurer selbst –, darauf beruhen zu wissen, was richtig und was falsch ist. Und wenn ihr euch für das Vertrauen euch selbst gegenüber öffnet, taucht gleich die Sorge auf, ob ihr euch vielleicht übernehmt und das Falsche tut.

Es gibt allerdings einen sich selbst korrigierenden oder regelnden Prozess. Wenn du dich für Vertrauen öffnest, für deine eigenen Gefühle, fallen dir nicht immer Antworten ein, die du in deinem normalen menschlichen Selbst als die »richtigen« Antworten bezeichnen würdest. Das würde uns dann in die ganze Diskussion darüber führen, was richtig ist und was nicht. »Richtig« und »falsch« sind unterschiedliche Aspekte der Wahrnehmung, das ist alles. Es sind nur Vorstellungen. Vielleicht fragst du dich: »Aber wenn ich mir selbst vertraue, und mein Körper wird verletzt und ich habe Schmerzen, war das dann nicht falsch?« Nicht unbedingt.

Außerdem bringen wir dann das Element Angst ins Spiel um das Vertrauen ins eigene Selbst – fast als wollten wir uns selbst aus der Bahn werfen. Wenn ihr zum Selbst-Vertrauen zurückkehrt, werdet ihr feststellen, dass euer Leben enorm an Tiefe gewinnt, dass ihr so viel mehr Möglichkeiten habt, als ihr euch früher jemals zugestehen wolltet oder wofür ihr offen gewesen wäret.

Wenn du dich dem Vertrauen öffnest, könnte dir das auch deshalb ein bisschen Angst machen, weil du dich anfangs ziemlich allein fühlen wirst. Du hast dich so sehr daran gewöhnt, im Außen nach Vertrauen zu suchen, auf andere Menschen zu blicken, auf Autoritäten und andere Wesen. Deshalb fühlt sich das zu Beginn unter Umständen kühl an, kalt, einsam und ein bisschen furchterregend. Dies ist aber nur ein Teil des Anfangsprozesses.

Wenn du weiter so mit Vertrauen arbeitest, wie du mit dem Atem arbeitest, lernst du, über die anfängliche Angst oder den Widerstand hinauszugehen. Du begreifst, dass die Antworten, die du aus deinem Innern bekommst, viel mehr Sinn und Tiefe haben. Das Leben kehrt zu einem Punkt von Sinn und Verstehen zurück, und ist dann in jedem Augenblick ganz von dieser eleganten Leichtigkeit erfüllt, über die ich zuvor gesprochen habe.

Illusion

Der Meister erkennt, dass das Leben eine Illusion ist. Ich habe vorher etwas zur Bedeutung von Vertrauen gesagt und dass Vertrauen der Weg für Meister der Neuen Energie ist. Wenn ihr euch selbst vertraut, fangt ihr an, Dinge über euch zu entdecken, die sich auf etwas in eurem Innern beziehen. Aber dann beginnt sich auch die äußere Welt zu verändern und die Art, wir ihr auf sie eingeht.

Ihr lebt in einer sehr realen Illusion. Du und die ganze Welt um dich herum. Ich weiß selbstverständlich, dass der Begriff »Illusion« in diesem Zusammenhang fast unglaubwürdig klingt, aber die Illusion ist sehr real und sehr glaubwürdig. *Sie ist nämlich die Manifestation eurer Glaubensmuster, eurer Wünsche und eurer Entscheidungen.* Sie umgibt euch von allen Seiten, ist aber dennoch eine Illusion. Ihr verstrickt euch manchmal derart in der Realität dieser Illusion, dass ihr zu glauben beginnt, sie sei unveränderlich, sie könne nicht abgeändert, umgetauscht, transformiert oder verändert werden. *Es handelt sich jedoch um eine Illusion,* und deshalb kann sie verändert, verwandelt, erweitert und transformiert werden – jederzeit.

Was ihr außerhalb von euch seht, ist lediglich die Spiegelung der inneren Beziehung zwischen eurem Selbst und euch und der Beziehung zwischen euch selbst und der Außenwelt. Wir werden uns diese Magie später noch näher anschauen, aber im Augenblick ist es wichtig zu erkennen, dass *alles* eine Illusion ist. Deshalb steckt ihr nicht in dieser illusorischen Realität fest. Sie kann sich verändern und kann verändert werden – jederzeit.

Akzeptanz

Der Meister lernt, alle Dinge so zu akzeptieren, wie sie sind. Das klingt wieder ganz einfach und ist auch einfach, aber diese Wahrheit hat viele, viele Facetten.

So viele Menschen versuchen, andere Leute zu verändern, damit diese sich ihren eigenen Ansichten und Überzeugungen anpassen. Sie probieren, die Außenwelt zu verändern, damit sie ihren Gedanken und Gefühlen entspricht. Das führt zu einem anhaltenden Konflikt in ihnen selbst, weil die Außenwelt ja nicht unbedingt auf sie eingeht. Dann sind sie ständig enttäuscht über alles, was da draußen passiert. Als erwachte beziehungsweise erwachende Menschen habt ihr jedoch schon früh gelernt, *die Dinge so anzunehmen, wie sie sind.*

Das ist übrigens ein Zeichen für höchstes Mitgefühl: alle Dinge und alle Menschen so zu akzeptieren, *wie sie sind.* Wenn ihr das tut, entdeckt ihr, dass es keinen inneren Konflikt mehr gibt, keinen Widerstand. Ihr stellt fest, dass das Leben – euer Leben und was ihr kreativ tut – eine neue Form von Leichtigkeit gewinnt.

Wenn ihr alle Dinge genau so annehmt, wie sie sind, beginnt ihr zu erkennen, dass sich alles in seinem eigenen Zustand der Vollkommenheit befindet, der jeweils dafür passend ist. Das ist dann nicht mehr nur eine intellektuelle Vorstellung. Wir wissen, dass einige von euch den Ausspruch kennen: »Alles ist vollkommen.« Aber das wirklich spüren und erfahren zu können, ist ein echter Segen. Eure Aufgabe hier auf der Erde besteht nicht darin, die Welt mit aller Macht verändern zu wollen. Ihr seid als Lehrer für jene hierhergekommen, die sich selbst verändern wollen.

Das ist eine der wichtigsten Richtlinien für Meisterschaft. Aber vielen Menschen fällt es schwer, dies zu begreifen. Sie sind unzufrieden mit der Welt um sich herum, aber in Wahrheit sind sie mit sich selbst unzufrieden.

Das ist ein wichtiger Leitsatz für euch, für eure Schüler und sogar für die gesamte Menschheit: Akzeptiert alles so, *wie es ist,* auch die schwierigsten Dinge, auch die Erfahrungen, die euch am meisten herausfordern. Wenn ihr einen Bettler am Straßenrand seht, so nehmt ihn an. Wenn ihr jemanden mit einer körperlichen Beeinträchtigung seht, erkennt, dass dies eine Lernaufgabe sein mag – für euch und für diesen Menschen. Eure Aufgabe besteht darin, alle Dinge zu achten und so zu akzeptieren, wie sie sind. Meister verstehen das und leben nach diesem Prinzip.

Das Unbekannte

Meister lassen sich darauf ein, das zu erfahren und wirklich zu erleben, was das Unbekannte oder Unaussprechliche genannt wird. Ihr kennt die Vorstellung von Gott, von Spirit. Sie hat sich in den Religionen und Weltanschauungen inzwischen zu einem sehr verwässerten und vermenschlichten Konzept entwickelt. In Wahrheit kann man Spirit mit Worten weder beschreiben noch definieren.

In einigen der alten religiösen Schriften wird er »das Unbekannte« genannt oder »die vier unaussprechlichen Buchstaben«, die vier Buchstaben des Namens Gottes. Manche haben das so verstanden, als dürfe man den Namen Gottes nicht aussprechen. Damit ist jedoch in Wirklichkeit etwas anderes gemeint, nämlich, dass der Mensch Gott oder Spirit nicht wahrhaft verstehen oder definieren kann. Es ist einfach. Ihr könnt ganze Leben damit verbringen, etwas darüber niederzuschreiben, was Spirit ist, was Gott ist, was Jehovah ist. Ihr könnt versuchen, es einem anderen Menschen zu erklären – aber es bliebe dennoch nur eure eigene Vorstellung, die einem menschlichen Geist entspringt. *Es ist einfach.*

Meister versuchen erst gar nicht, ihn zu definieren, diesen Namen, der nicht einmal ausgesprochen werden kann. Lieber *erfahren* sie das Unaussprechliche in ihrem eigenen Leben. *Es ist du.* Es ist in dir. Es ist auch in allen Dingen, aber vor allem ist es auf einzigartige Weise in *dir.*

»Was nicht gesagt werden kann« zu erfahren, diesen Spirit (eigentlich möchten wir noch nicht einmal diesen Begriff benutzen) zu erleben, verlangt allerhöchstes Vertrauen in dich selbst. Vollständiges und selbstverständliches Vertrauen in das Selbst ist erforderlich, um dem eigenen göttlichen Selbst die Erlaubnis zu geben, sich zu zeigen. Es ist das göttliche Selbst, das du nicht zu definieren versuchst. Du versuchst nicht, ihm irgendwelche Etiketten aufzukleben und auch nicht, es in menschliche Begriffe zu fassen. Es ist einfach reine und unmittelbare Erfahrung.

Halte kurz inne an diesem sehr sicheren Ort und denke einmal nicht darüber nach, was Gott ist oder was er nicht ist. Versuche auch nicht, deine mentalen Arme auszustrecken, um mit Begriffen wie »allmächtig« oder »allgegenwärtig« oder ähnlichen zu hantieren. Erlaube dir vielmehr, dir selbst so weit zu vertrauen, dass du es einfach erleben kannst.

Halte einen Augenblick inne …

Atme tief durch …

(lange Pause)

Meister haben erfasst, dass sie es im Hier und Jetzt erfahren. Der nicht bewusste Mensch sagt vielleicht: »Aber ich spüre gar nichts. Ich erfahre nichts. Ich habe Blitze erwartet oder flackernde Lichter oder vielleicht eine Stimme in meinem Kopf.«

Oh, liebe erwachende Menschen, damit macht ihr es euch selbst schwer und versucht, die Dinge mit menschlichen Begriffen zu definieren. Ihr meint dann, ihr bräuchtet irgendein dramatisches Ereignis oder etwas, was eure jetzigen menschlichen Sinne berührt.

Ihr erfahrt jedoch etwas, was nicht in Worten ausgedrückt oder definiert werden kann. Ihr habt diese Großartigkeit von Spirit eben jetzt erlebt. Einige Augenblicke lang hast du dieser Essenz aller Essenzen erlaubt, in deinem Körper spürbar zu werden, hast dir gestattet, sie in deinem Geist zu erfahren, in deiner Seele. Und du merkst ja, dass es dazu keines lauten Geschreis bedarf, keiner dramatischen Inszenierung. Auch muss dein Körper vorher nicht heiß oder kalt sein. *Es ist einfach.*

Menschen haben in früheren Zeiten meist ein kompliziertes oder dramatisches Gotteserleben angestrebt. Sie suchten nach einem Wesen außerhalb ihrer selbst, das kommen und all ihre Probleme lösen würde. Diese Art von Gott werden sie jedoch niemals finden.

Meister erkennen, dass die Erfahrung des Unbekannten, des Ungesagten immer möglich ist. Es ist ein tiefer und stiller See. Es ist ruhig, es ist still. Es besitzt nicht die Attribute, die man üblicherweise irgendeinem menschlichen Verhalten oder einer menschlichen Identität zuordnen würde. Es ist so rein, dass es von keinem, außer einem echten Meister bemerkt wird. Meister begreifen, dass es einfach *ist*. Und Meister verstehen, dass sie es erfahren können, indem sie es in ihre Wirklichkeit einlassen, dass sie daran teilhaben können, wenn sie keine Erwartungen haben.

Manchmal möchten die Menschen Energien oder Erfahrungen messen, denn sie wollen sie auf gesicherte Art und Weise definieren können. Meister erlauben sich jedoch, das Unbekannte tief in sich selbst zu erleben, ohne es definieren zu wollen.

Atme jetzt wieder tief durch …

Und gestatte dir, das, was nicht gesagt werden kann, selbst zu erleben.

(lange Pause)

Die Essenz deines eigenen Spirit strebt nach einer Beziehung zu dir, wenn du in dieser Realität bist. Sicher ist diese Essenz immer existent gewesen und hat dir immer zur Verfügung gestanden, aber sie wurde in andere Dimensionen, in eine andere Realität geschoben. Man hat sie aus der menschlichen Wirklichkeit herausgehalten. Jetzt, in diesem Moment strebt diese Essenz nach einer Beziehung mit dir – in dieser Dimension, in dieser Realität. Du wirst sie aber nur mit Mühe erkennen können, solange du dich der alten Mittel und Wege des Erkennens bedienst.

Dein Spirit bittet dich wirklich sehr inständig, dich zu öffnen, deine Energie auszuweiten und über die Art, wie du Energien früher verstanden und gedeutet hast, hinauszugehen. Er bittet dich inständig, darüber hinauszugehen. Hinaus über den Verstand und über deine gegenwärtigen Sinneswahrnehmungen.

Wenn du dir selbst erlaubst, dieses Unbekannte zu erfahren, diesen Spirit, wird er dir sehr vertraut werden, wirst du ihn mehr und mehr erkennen – aber auf eine Art und Weise, die du wahrscheinlich nie in Worten ausdrücken könntest. Du wirst es einem Freund, einer Freundin beschreiben und erklären wollen, sogar anderen Menschen, die erwachen – aber du wirst mit Worten jonglieren und dich darin verlieren, weil es *einfach ist.*

Deshalb haben die Alten es den »Namen, der nicht gesagt werden kann« genannt. Wir wollen noch nicht einmal den Begriff »Spirit« dafür verwenden, denn es geht weit darüber hinaus, und die Meister erkennen dies. Meister lassen zu, dass sie dieses Unbekannte in jedem Augenblick selbst erleben.

Facetten und Schichten

Meister erforschen alle Facetten von Energien. Nehmen wir einmal eine leblose Sache wie einen Felsen oder einen Stein. Er besitzt viele Facetten, viele Schichten von Energie. Das normale menschliche Bewusstsein würde sich direkt auf den Stein selbst richten: dass er hart ist, aus der Erde kommt und ein lebloses Ding ist. Meister begreifen, dass es mit diesem Stein sehr viel auf sich hat.

Dieser Stein ist bewusst. Er besitzt nicht unbedingt eine Seele oder einen Geist wie ihr sie habt, aber er ist sich seiner selbst als ein Stück Felsen bewusst. Deshalb besitzt er eine bestimmte Größe, eine gewisse Gestalt und Dichte. Er nimmt sich selbst wahr. Wenn man diesen Stein nun entzweischlüge, hätte er immer noch ein Bewusstsein davon, wie er eine Ganzheit war, die nun in zwei getrennten Stücken existiert.

Der Stein ist sich auch des Wassers bewusst. Er erinnert sich an jeden Regentropfen, der je auf ihn gefallen ist, an jedes Meer und jeden Fluss, in dem er je gebadet hat. All das befindet sich in einer anderen Schicht, auf einer anderen Ebene als der sichtbare, harte Stein, den ihr seht, aber es existiert.

Meister erkennen das. Ein Meister lässt sich nicht von der physischen Form in die Irre führen, wie sie die menschlichen Sinnesorgane des Sehens, Berührens, Schmeckens, Hörens oder Riechens vermitteln. Meister wissen, dass sie sich auf all die unterschiedlichen Schichten und Ebenen begeben können, die es gibt, sogar bei etwas so Einfachem wie einem Stein. Ein Meister kann sich zum Beispiel den Facetten dieses Steins zuwenden, die vom Wasser berührt worden sind, und sich mit dem Wasser selbst verbinden, mit jedem Objekt, das dieses Wasser je berührt hat. Über einen dieser Wassertropfen können sich Meister mit allem anderen verbinden, und da nicht nur ein paar Jahre zurück, sondern bis hin zum Zeitpunkt der Erschaffung der Erde und der Zeit, als die ersten Wassertropfen aus den Wolken auf die Erde fielen.

Ihr könntet über diesen einzelnen Wassertropfen in der Zeit zurückreisen bis zu dem Tag in einem früheren Leben, an dem er euch berührt hat, als ihr ihn getrunken habt und er durch euren Körper geronnen ist. Ihr könnt euch mit einem Aspekt eurer selbst aus der Vergangenheit in Verbindung setzen – einfach über jene Facette des Steins, der von diesem Wassertropfen benetzt wurde.

Über diesen Wassertropfen, der mit allen anderen Wassertropfen der Seen und Meere der Welt verbunden ist, könnt ihr euch mit dem Leben im Wasser, mit der Tier- und Pflanzenwelt der Ozeane verbinden. Ihr könnt euch so auch mit den großen Meistern verbinden. Ihr könnt euch mit dem Becher Wasser verbinden, den der Buddha trank, als er unter dem Bodhi-Baum saß. Ihr könnt nachvollziehen und miterleben, wie es für Buddha in der Zeit seiner Erleuchtung war – über diesen Stein. Und wenn nun schon ein Felsbrocken oder ein Kieselstein so viele Facetten und Schichten und Ebenen enthält, gilt das für alles andere ebenso.

Die Menschen nehmen das als wahr an, was sie mit ihren Augen sehen und mit ihren Händen spüren, aber damit betrachten sie das Leben auf sehr begrenzte Weise und nur in einem sehr engen Spektrum. Meister wissen, dass alles im Leben – jedes Objekt, jede Erfahrung, jedes Gefühl – viele, viele Facetten und unglaublich zahlreiche verschiedene Schichten besitzt.

Wenn du mit einem anderen Menschen sprichst, gestatte dir, in dessen unterschiedlichen Ebenen zu reisen. Du wirst feststellen, dass dieser Mensch gleichfalls zahlreiche Facetten und Schichten besitzt. Wenn du ein Heiler oder eine Heilerin bist oder jemand, der Energiearbeit macht, geh über die Person hinaus, deren Gestalt du vor dir siehst. Schau auf ihre anderen, unsichtbaren Schichten und Ebenen. Blicke auf das, was sie hintergründig motiviert. Achte nicht nur auf die Worte, die sie spricht, sondern auf alle Aspekte und Facetten.

Wenn du zum Beispiel ein Buch liest, so enthält es viele Schichten. Das gilt auch für dieses Buch. Es geht nicht nur um die abgedruckten Worte, sondern es gibt eine Fülle von Ebenen und Aspekten jeder einzelnen Stimme und Erfahrung der Meister, die mit ihren Energien dazu beigetragen haben, dass es geschrieben wurde. Es enthält nicht nur die Erfahrungen all dieser Meister aus dieser Lebenszeit, sondern auch zahlreiche frühere.

Von einem einzigen Punkt eines einzelnen Objektes aus kannst du dich mit all seinen anderen Schichten, Facetten, Aspekten und Ebenen verbinden. Von dort aus kannst du zurückreisen durch die Zeiten und durch den Raum und dich mit allem verbinden, was es gibt – und das sogar nicht nur auf dieser Erde.

Du kannst von jedem Ding, sogar von einer Limoflasche aus beginnen, dich zu verbinden und auf diese Weise in die anderen Ebenen reisen. Vielleicht verwirrt dich das manchmal, und du verlierst oder verirrst dich, wenn du dich multidimensional öffnest. Versuch es jetzt einfach mal mit einem einzelnen Objekt.

Meister haben erkannt, dass alles – jedes Objekt, jede Erfahrung, jedes Gefühl, wirklich alles – viele Facetten hat. Das hört sich nach einem schlichten Prinzip an, aber die meisten Menschen leben in einer sehr eng begrenzten, sehr einförmigen Art von Existenz. Sie erlauben sich nicht, das Unbekannte selbst zu erleben. Sie gestatten sich nicht, sich für all die verschiedenen Facetten zu öffnen, die unmittelbar vor ihnen liegen. Wenn ihr mit euren Schülern und Studenten arbeitet, dann führt sie durch diese einfachen Übungen, damit sie begreifen, dass *alles* multidimensional ist, sogar ein Stein.

Keine Erwartungen

Meister erkennen, dass sie Schöpfer sind, aber sie lassen das Ergebnis von allem offen. Anders gesagt: Wenn du dich für eine großartige Gesundheit in diesem Leben entscheidest, triffst du jetzt eine Wahl – du wirst damit jetzt schöpferisch wirksam. Du bewirkst eine energetische Ladung, die dein Körper registriert. Es gibt etwas, womit ein Standard gesetzt wird, eine »Standard-Technologie« sozusagen. Dabei strahlt eine perfekte, gesunde Zelle diese schöpferische Entscheidung für Gesundheit aus und überträgt sie an alle anderen Zellen. So kann der Körper anfangen, sich wieder in eine Balance zu bringen. *Schränke das Ergebnis nicht ein.* Richte dich nicht darauf aus, die Schmerzen im Bein loszuwerden oder dein Herz zu stärken. Erlaube vielmehr dem, was du wählst und erschaffst, sehr offen im Hinblick auf die Ergebnisse zu sein.

Vielleicht überlegst du, ein Geschäft zu gründen. Du hast eine Weile darüber nachgedacht und jetzt entscheidest du dich, es angehen zu lassen. Mit dieser Entscheidung beginnt sich die Energie zu entfalten und zu bewegen und sich auf deine Wahl auszurichten und einzustellen. Doch sobald du deiner Entscheidung eine Beschränkung auferlegst, indem du ein bestimmtes Ergebnis erwartest, begrenzt du die Energie wieder. Denn damit veränderst du die Energien, die dir zufließen, und schränkst sie ein.

Das ist ein Verhalten, das unter den Menschen sehr, sehr weit verbreitet ist, besonders unter denen, die sich auf einem spirituellen Weg befinden. Sie lernen diesen ganzen Bereich der Kreation, der bewussten schöpferischen Tätigkeit kennen und stellen fest, dass es da eine aufregende neue Methode gibt. Aber dann begrenzen sie das wieder oder versuchen es zu stark festzulegen. Sie erschaffen von einem Punkt aus, schränken das mögliche Ergebnis aber sofort ein, und zwar durch Festlegungen und Erwartungen darüber, wie es aussehen sollte.

Echte Kreation hat einen offenen Ausgang. Sie fließt. Wenn das, was du kreierst, sein eigenes Leben entwickelt, dann sammelt es weitere, andere Energien an, und das Wesen dessen, wofür du dich ursprünglich entschieden hast, dein ursprünglicher kreativer Impuls, kann sich weit über das hinaus entwickeln, was du dir jemals vorgestellt hast. Wenn du aber eine Erwartung damit verbindest oder der Entwicklung eine Beschränkung auferlegst, oder wenn du glaubst, dass sie begrenzt sein wird, wirst du damit definitiv das Ergebnis einschränken.

Lass alle Erwartungen im Hinblick auf die Ergebnisse los. Lass deine Vorstellungen, wie sie aussehen und was sie bewirken sollten, los. Nutze die einfache, bewusste Kreation – deine Entscheidung – und dann beobachte, wie sich die Energie entfaltet und expandiert. Du musst nichts kontrollieren, es gibt nichts zu begrenzen. Erlaube der Energie einfach, sich zu entwickeln und auszudehnen. Sie ist immer noch deine Energie, aber sie hat ihr eigenes Leben angenommen, ihre eigene dynamische Entwicklung.

Du als ihr ursprünglicher Schöpfer kannst diese Energie jederzeit aufgeben und in sich zusammenfallen lassen. Wenn du sagst, dass du keine Freude mehr an dieser Kreation hast und nicht mehr möchtest, dass sie in deiner Energie oder in deinem Bewusstsein ist, kannst du sie wieder aufgeben. Du musst dir also niemals Sorgen machen, dass sie dir aus der Hand gleitet. Während sich jedoch deine Kreation dynamisch entwickelt, mit deiner Zustimmung, während sie lebendig ist, erlaube ihr immer ein offenes Ergebnis. Du wirst feststellen, dass das eine viel angenehmere und dankbarere Art und Weise ist zu kreieren.

Fliessen, nicht erzwingen

Meister wissen, dass es um Flow geht, um Energiefluss, nicht um Kraft und darum, etwas zu erzwingen. Ihr lebt in einer Welt der Dualität. Ihr habt die Elemente von negativ und positiv, maskulin und feminin, richtig und falsch, oben und unten – all diese Aspekte von Dualität. So kommt ihr in dieses Leben und darauf beruht eure Existenz das ganze Leben hindurch. Die meisten Menschen sind dahingehend geprägt worden, dass sie glauben, sie müssten Kraft ausüben und Dinge erzwingen, um durch dieses Leben zu kommen. Wenn man möchte, dass etwas geschieht, muss man es erzwingen, meinen viele Leute. Man muss darauf drängen, dass es passiert, meinen sie, oder man muss seine Energie anderen Menschen aufzwingen, damit sie sich entsprechend verhalten. Damit wird das Leben zu etwas, worum man ständig kämpfen und in dem man sich durchsetzen muss. Die meisten Menschen fühlen sich, als müssten sie große platte Felsbrocken einen Berg hinaufschieben, weil das dazu zu gehören scheint, um in der Schwingung der Dualität, die derzeit vorherrscht, existieren zu können.

Meister wissen, dass es überhaupt keiner Kraftanstrengung bedarf. Meister erkennen, dass es sich immer um den Flow, den Energiefluss handelt. Sich darauf einzulassen macht vielleicht anfangs etwas Mühe, weil ihr so daran gewohnt seid, Kraft und Druck einzusetzen, weil ihr meint, ihr müsst etwas geschehen *machen*. Wie wäre es, wenn ihr den Dingen *erlaubt* zu geschehen?

In der Neuen Energie werdet ihr buchstäblich zum energetischen Anziehungspunkt für eure Entscheidungen und Kreationen. Ihr werdet wie ein Magnet, der etwas anzieht, der alle Energien anzieht, die nur darauf warten, euch zu dienen. Alle Energien, die ihr braucht, um euch in dem zu unterstützen, was ihr tut. Diese Anziehungskraft ist ein Energiefluss, keine Kraftanstrengung und kein Erzwingen.

Schau dir die Dinge in deinem Leben an. Wenn du sie erzwingen musst, wenn sie immer eines Kampfes bedürfen, dann triffst du entweder keine bewussten Entscheidungen und vertraust dir selbst als Schöpfer nicht, oder du hast dich in diese ganze alte Energie und ihre Muster aus Druck und Zwang verstrickt.

Kraftanstrengung und »Gewalt« funktionieren übrigens schon, wie ihr ja längst herausgefunden habt. Ihr könnt bestimmte Dinge erzwingen. Indem ihr antreibt und »pusht«, indem ihr fordert und eure persönliche Energie wie einen Rammbock einsetzt, *könnt* ihr Dinge erzwingen. Und dann sagt ihr vielleicht: »Seht her, Saint-Germain lag falsch. Starker Druck funktioniert doch.« Ja, das stimmt, in gewisser Hinsicht.

Jedes Mal, wenn ihr in dieser dreidimensionalen Realität etwas erzwingt, kommt eine entgegengesetzte Kraft – hier oder anderswo – ins Spiel. So funktioniert Energie nun einmal. Sie gleicht sich immer aus. Energie strebt immer nach einer Auflösung. Wenn es also auf einer Ebene eine Kraftanwendung gibt, wird es auf einer anderen Ebenen eine Gegenkraft geben. Das bedeutet nun nicht unbedingt, dass die Energie auftaucht und euch in den Hintern tritt oder so eine Art Karmaspiel mit euch treibt. Aber irgendwo, in einer bestimmten Realität beziehungsweise auf einer gewissen Ebene oder in einer anderen Dimension, wird eine Gegenkraft auftreten. Das muss ganz natürlich so sein. Und früher oder später werdet ihr dieser Gegenkraft begegnen beziehungsweise sie erfahren. Das kann Tage oder Wochen später sein. Es könnte in einer Episode eures Lebens geschehen, die überhaupt nichts direkt damit zu tun hat. Es könnte zwischen zwei Leben passieren, wenn ihr die Gegenkräfte aller Kräfte erlebt, die ihr jemals eingesetzt habt. Krafteinsatz bewirkt etwas, aber es gibt immer auch das Gegenteil, die Kehrseite, den Ausgleich.

In der Neuen Energie fließen die Energien. Es gibt einen Bewusstseinsfluss. Es gibt einen Flow von Energien, die sich darauf ausrichten, sich zusammenzufinden und deinen Kreationen zu dienen. Dieser Energiefluss ist leicht, natürlich, sehr einfach und elegant. Die Dinge scheinen einfach von sich aus zu passieren – ohne Stress, ohne Kraftanstrengung. So geschmeidig vielleicht, dass du daran gar nicht gewöhnt bist oder es dich nicht zufriedenstellt, weil du früher immer mit einer Gegenbewegung gerechnet hast, wenn du versuchtest, selbst etwas zu erzwingen.

Nehmen wir an, du bist dabei, dein eigenes Geschäft aufzubauen. Du fühlst dich nur wohl, wenn du das Gefühl hast, jeden Tag etwas getan zu haben. Dabei bemisst du allerdings nur die Kraftanstrengung, die du aufgebracht hast, und nicht das wahrhaft schöpferische Geschehen, das vielleicht stattgefunden hat. Es ist eine Form von Selbsttäuschung, eine Illusion zu glauben, dass die Kraftanstrengung, die man aufwendet, irgendetwas mit dem Resultat zu tun hätte.

Es gibt einen natürlichen Energiefluss, und der verursacht nicht unbedingt eine dramatische Aktion oder Reaktion. Die Dinge geschehen einfach. Sie führen einfach zu Koinzidenzen, zu Synchronizitäten, sie synchronisieren sich mit allen anderen Elementen. Die Menschen neigen manchmal dazu zu glauben, dass sie nicht genug selbst dafür eingesetzt hätten, dass etwas Bestimmtes passiert, dass sie nicht genügend dafür gekämpft, nicht genug Schweiß dafür vergossen hätten. Es ist höchste Zeit, diese Einstellung abzulegen.

Wenn du diesen Flow in deine schöpferischen Vorhaben und Tätigkeiten und in dein ganzes Leben einfließen lässt, wirst du feststellen, dass dadurch so viel von deiner Energie und Zeit freigesetzt wird, dass du Dinge tun kannst, die wirklich Freude machen, Dinge, die dir am Herzen liegen und für die du eine Leidenschaft hast.

Es gibt so etwas wie die Leidenschaft der Seele. Vielleicht hast du danach schon lange gesucht und dich gefragt: »Was ist die Leidenschaft meiner Seele? Wo steckt sie? Warum taucht sie in meinem Leben nicht auf?« Doch, es gibt sie, die Leidenschaft der Seele in deinem Leben. Du bist aber so damit beschäftigt, Dinge geschehen zu machen, deine Energie wird so von den Alltagsproblemen, von Kraftanstrengungen und entsprechenden Gegenkräften verzehrt, dass keine Energie mehr übrig bleibt. Du hast einfach keinen Antrieb mehr, dich wirklich nach innen zu wenden und die Leidenschaft deiner eigenen Seele zu erforschen. Sie existiert zwar, aber sie wartet in einem Seitenflügel deines Lebens darauf, dass du Zeit, Muße und Energie hast, sie richtig in dein Leben einzuladen. Solange du jedoch in der alten Dualität des Erschaffens verstrickt bist, in Kraft und Gegenkraft, wird die Leidenschaft deiner Seele weiterhin auf dich warten, bis du ihr den Raum und die Gelegenheit gibst, in dein Leben einzutreten.

Atme jetzt tief durch und erlaube dir zu erleben, was der Unterschied zwischen *Flow* und *Anstrengung* ist.

(Pause)

Hast du gemerkt: Fließen ist subtil. Da ist nichts Aufregendes, kein Drama. Es hat keine Höhen und Tiefen. Es gibt da keine Gegenkräfte, weil sich nämlich alle Energien aneinander ausgerichtet haben. Sie fließen, um dir zu dienen, anstatt sich gegenseitig zu blockieren – und das war ja die ursprüngliche Ursache für Dualität.

Schauen wir uns als Beispiel das an, was ihr hell und dunkel nennt. Diese beiden Elemente sind entstanden, damit sie sich gegenseitig widerspiegeln können. Indem sie sich ständig bekämpft haben und immer wieder aufeinander gestoßen sind, sind sie zu einem besseren Verständnis ihrer selbst gelangt. Früher oder später werden sie aber dieses ständigen Aufeinanderprallens müde werden und ihre Energien werden wieder miteinander verschmelzen. Das ist es, was in dieser neuen Ära passiert und das ist es, womit ihr euch als Meister und Meisterinnen verbinden könnt.

Schöpfung

Meister wissen, dass sie Schöpfer sind. Das ist eine einfache Vorstellung, und ihr habt auch schon früher davon gehört, aber jetzt ist es Zeit, sie in die Praxis umzusetzen. Meister begreifen, dass sie schöpferisch wirken. *Du* selbst bist der Ausgangspunkt der schöpferischen Tätigkeit – genau jetzt und gerade hier. Und wenn du eine Entscheidung triffst, setzt du damit den Prozess des Erschaffens in Gang.

Kreation stammt nicht von irgendwo sonst oder von irgendjemand anderem. Du brauchst auch keine übernatürlichen Kräfte dazu. Kreation geschieht in dem Augenblick, in dem du dich entscheidest, kreativ tätig zu werden. Dann beginnt sich Schöpfung kreativ selbst zum Ausdruck zu bringen. Deine Kreation drückt sich durch dich aus. Sie bringt alle Energien in dir in Übereinstimmung, sie zieht Energien von außerhalb an, die in deine Wirklichkeit gelangen wollen, und dann beginnt sich der schöpferische Vorgang zu entfalten. Dann spürst du den Zauber, dann erlebst du mit, wie sich echte Schöpfung öffnet und fließt.

An einem gewissen Punkt kann dich das sogar ein bisschen erschrecken, weil du feststellst, wie leicht es ist zu kreieren, besonders dann, wenn du dir keine Schranken im Hinblick auf die Ergebnisse auferlegst. Wenn du die Energie des Flow, fließende Energie verwendest statt der Energie von Dualität, von Druck und Kampf, dann geschieht alles auf leichte und einfache Weise. Und dann kommt eben ein Punkt, an dem man von den eigenen schöpferischen Fähigkeiten etwas eingeschüchtert wird. Du könntest vielleicht denken: »Na, wenn das derart einfach ist, dann bin ich vielleicht so ein potenter Schöpfer, dass ich die ganze Welt zerstören kann!« Vielleicht könntest du das tatsächlich mit all den Energien, die dir zur Verfügung stehen, aber du wirst es nicht tun – aufgrund der Weisheit, die dir genauso zufließt.

Du bist jetzt an einem Punkt angelangt, an dem du viel zu weise geworden bist, um Energien zu missbrauchen. Du wirst anderen Menschen nicht schaden, wirst sie nicht übervorteilen wollen und wirst auch nicht die Welt zerstören wollen. Du hast dich schon viel zu weit entwickelt und zu viel Weisheit erlangt, um dich damit abzugeben. Aber immer noch gibt es einen Teil in dir, der kein Vertrauen hat, und deshalb bremst du dich. Wenn du nun aber deinem Vertrauen Raum gibst, wirst du erkennen, dass du deine schöpferischen Fähigkeiten immer weise nutzen wirst.

Übrigens ist ein *Schöpfer* kein *Nachahmer*. Es gibt einen großen Unterschied zwischen Erschaffen und Imitieren. Nachahmungen sind sehr, sehr begrenzt, weil man sich eines Konzepts bedient, das bereits kreiert wurde, und nun versucht, es zu kopieren, zu duplizieren. Es kann nie größer und großartiger sein als das Original. Es wird vielmehr immer deutlich kleiner sein. Die Schöpfer beginnen mit etwas, das aus ihnen selbst kommt – mit einer eigenen Idee, einem eigenen Verlangen. Sie beziehen sich vielleicht durchaus auch auf etwas anderes, was es schon gibt, aber wenn sie ihre Schöpfung wahrhaft initiieren und manifestieren, dann ist es auch ihre eigene. Sie imitieren keinen anderen.

Meister begreifen, dass sie Schöpfer sind, und sie übernehmen auch die entsprechende Verantwortung. Sie geben die Verantwortung nicht an die Engel oder an Gott ab. Sie übernehmen die volle Verantwortung für etwas, sobald sie es erschaffen.

Atme jetzt tief durch und spüre deine Energie, die Energie eines Schöpfers.

Ich weiß, dass viele von euch daran zweifeln. Ihr müsst euch erst noch davon überzeugen, dass ihr Schöpfer seid, und erkennen, wie ihr dabei zu Werke geht. Es ist jedoch sehr einfach und sehr, sehr leicht.

Unterscheidungsvermögen

Meister kennen ihre eigene Unterscheidungskraft. Einfach gesagt: Meister wissen, was ihres ist und was nicht. Da Energie überall miteinander vernetzt ist, und das gilt besonders für die Verbindung zwischen Menschen sowie zwischen Menschen und Dingen, kann man sehr rasch in Verwirrung darüber geraten, was zu einem selbst gehört und was nicht. Oft genug akzeptiert ihr Energien, die gar nicht eure sind. Ihr nehmt sie an, nehmt sie in euch auf, als handle es sich um Obdachsuchende. Ihr gebt ihnen einen Platz, an dem sie leben können, ihr gebt ihnen eine Zuflucht vor der Außenwelt, aber dann fangen sie häufig an, eure Energie zu nehmen – und dabei seid ihr nicht für sie verantwortlich.

Viele von euch nehmen Gedanken, Gefühle und Energien in Anspruch, die nicht ihre sind. Sogar manche der körperlichen Schmerzen, die ihr habt, sind nicht eure. Ihr tragt tatsächlich manchmal die physischen Leiden von jemand anderem mit euch herum. Es sind nicht eure Leiden, aber ihr tut so, als wäre das der Fall. Vielleicht tragt ihr sie aufgrund irgendeines Ahnenkarmas. Vielleicht gibt es etwas in eurer Familie, was von einem zum anderen weitergereicht wurde, und jetzt tragt ihr es. *Es ist aber nicht eures,* und außerdem passt es nicht einmal zu euch.

Vielleicht tragt ihr auch nur Energien des Massenbewusstseins mit euch herum und fühlt dabei die große Angst der Menschheit. Oder ihr tragt eine tiefe Depression in euch, die gar nicht eure eigene ist. Ihr habt sie vielleicht von einem Aspekt eurer selbst in einem früheren Leben geerbt. Es ist unter Umständen ein sehr verzweifelter Aspekt, der noch an euch haftet, aber ihr glaubt jetzt, er gehöre zu euch, so wie ihr glaubt, dass euer vergangenes Leben zu euch gehört. Das ist aber nicht der Fall! Es ist nur ein Aspekt, eine Ausdrucksform eurer Energie, *aber es ist nicht identisch mit euch*. Ihr seid in diesem Leben anders. Ihr seid in diesem Leben unabhängig. Ihr habt eine Verbindung zu euren früheren Leben, aber sie sind nicht ihr und ihr seid nicht sie.

Vielleicht tragt ihr auch die Energien eures Arbeitsplatzes mit euch herum. Tretet mal kurz einen Schritt zurück vom Büro, vom Arbeitsplatz – sowohl von dem physischen Ort als auch von der energetischen Ebene. Er besitzt eine eigene Energie, und die könnt ihr wahrnehmen, wenn ihr weit genug zurücktretet. Wenn ihr tagein, tagaus dort seid, könnt ihr diese Energie nur schwer deutlich wahrnehmen und unterscheiden, aber tretet jetzt einmal zurück. Manche Arbeitsplätze haben eine sehr harte, strenge und intensive Energie. An anderen herrscht eine Energie der ständigen Auseinandersetzung vor.

Frage dich: »In welchem Zustand befindet sich die Firma jetzt? Steht sie im Wettbewerb gegen Konkurrenten? Gibt es finanzielle Probleme? Oder ungeklärte Umweltfragen? Gibt es Personalprobleme?« Geh auf Abstand und *spüre* die Energie deines Büros.

Und dann schau dich selbst an. Hast du ähnliche Themen in deinem Leben? Trägst du Energien aus deinem Büro mit dir herum? Das ist ziemlich wahrscheinlich. Das Gleiche passiert dir in Bezug auf Verwandte und Freunde – oft trägst du einen Teil ihrer Energien in dir. Das geht dir womöglich auch im Hinblick auf andere spirituelle Menschen so, weil du so mit ihnen verbunden bist. Die Beziehung zu ihnen ist wunderbar, aber du neigst vielleicht dazu, die körperlichen Beschwerden anderer spirituell erwachender Menschen zu übernehmen.

Tritt hinter die niedrige Mauer zurück, wie Tobias sagt*. Spüre, welche Energien deine sind und welche nicht. Meister sind Meister der Unterscheidungsfähigkeit. Was ist deins? Was gehört nicht zu dir, sondern nach außen, woanders hin? Ihr neigt dazu, die Probleme anderer Leute zu euren zu machen. Das braucht ihr nicht – und Meister wollen das auch nicht –, weil ihr nämlich gar nichts unternehmen könnt, um diese Energien wieder in Fluss zu bekommen. Ihr könnt anderen nicht helfen, ihre Probleme zu lösen, solange ihr selbst mitten drin steckt. Ihr nehmt die Lasten auf euch, die Probleme und Energien anderer, weil ihr meint, dass ihr damit irgendeine Art von Opferdienst leistet, dass ihr irgendwie die Welt rettet. Das tut ihr nicht. Ihr belastet euch nur selbst und dann seid ihr frustriert, weil die Dinge nicht besser für euch laufen.

* Tobias – ein aufgestiegener Meister, der früher einmal der Tobias aus dem biblischen Buch Tobit war. Geoffrey Hoppe hatte ihn gechannelt, bis er im Juli 2009 wieder inkarnierte. Die »niedrige Mauer« ist ein symbolisches Bild für den Prozess, Abstand zu etwas zu gewinnen und es dabei doch genau betrachten zu können.

Tritt zurück, geh auf Abstand. Bei welchen Energien entscheidest du dich selbst, an ihnen festzuhalten? Unterscheide zuerst, welche wirklich deine sind und welche nicht. Dann entscheide dich, welche dieser Energien du bereit bist loszulassen. Und schau dir dann an, warum du an ihnen festgehalten hast. Warum hast du diese Energien damals überhaupt zu deinen eigenen machen wollen?

Manche von euch werden sich ein bisschen nutzlos und unerfüllt fühlen, wenn sie nicht das Leid der Welt mit sich herumtragen, weil sie wie hypnotisiert waren von der Überzeugung, dass das ihre Verantwortung wäre. Ihr habt geglaubt, das müsse man tun, um ein »guter Mensch« zu sein. Ich sage euch aber gleich, dass die wahren Meister der Vergangenheit und der Gegenwart erkannt haben und erkennen, dass es nicht sehr wirksam und hilfreich ist, all diese Lasten mit sich herumzuschleppen. Sie bewirken viel mehr, indem sie eine ausgeglichene, geerdete und vollständige Meisterschaft in sich selbst entwickeln und leben. Es ist viel einfacher, anderen Menschen mit Rat und Tat beizustehen, wenn man selbst in einem Zustand der Integrität und Balance ist.

Das ist ein schwieriges, »klebriges« Thema. Weil es an euch klebt und ihr Schwierigkeiten habt, es als solches zu erkennen. Vielleicht meint ihr, ich spreche zu jemand anderem, aber ich fordere dich auf, diesem Thema bei und in dir selbst nachzugehen. Was sind deine Energien – deine eigenen und wahren Energien – und was gehört zu einem anderen Menschen?

Alles, bei dem du dich entscheidest, dass es nicht mehr länger deines ist, ist auch nicht mehr deins. Du denkst vielleicht: »Aber das habe ich mir doch selbst zuzuschreiben, denn ich bin doch früher ein schlechter Mensch gewesen« oder »Ich habe damals doch etwas falsch gemacht« oder ... Merkst du, worum es geht?

Ihr habt euch so mit all dem identifiziert, dass ihr alle möglichen Ausflüchte findet, um zu rechtfertigen, warum diese fremden Energien doch eure eigenen sind. Meister besitzen Unterscheidungsvermögen und wissen, dass sie alles loslassen können, wozu sie sich entscheiden. Wenn es um Konflikte in dir selbst geht, ob sie nun körperlicher oder geistiger Art sind – du kannst sie loslassen. Glaubensmuster, Gefühle, Reaktionen – du kannst sie alle loslassen.

Wofür du dich bewusst *entscheidest,* das ist deins. Lass alles andere los.

Vielleicht hast du Angst, etwas loszulassen, weil du meinst, du würdest die Energie oder das Bewusstsein der Welt belasten und sozusagen verschmutzen, wenn du es loslässt, so wie ein Abfallhaufen, der verbrannt wird, die Luft mit seinem Rauch verschmutzt. Doch das ist nicht der Fall.

Wenn du etwas loslässt, für das du dich nicht länger entscheidest, dann nimmst du dessen Aufladung heraus und es geht einfach in seinen reinen und natürlichen Energiezustand zurück – ein neutraler Zustand, der ein bestimmtes Potenzial besitzt. Das ist kein Vorgang, bei dem du so etwas wie üble energetische Blähungen entlässt, die alle anderen um dich herum riechen würden! Du setzt vielmehr etwas frei, sodass es zur Reinheit zurückkehrt, zur Einfachheit, in einen neutralen Zustand.

❦ EIN MEISTER, EINE MEISTERIN,
WEISS GUT ZU UNTERSCHEIDEN,
WAS ZU IHM ODER ZU IHR GEHÖRT UND WAS NICHT.

Wahre Grösse

Meister erkennen, dass sie aus dem vollen, ganzen Selbst heraus erschaffen und nicht aus dem begrenzten, bedürftigen menschlichen Ich. Das ist ein ziemlich hoher Anspruch, nicht wahr! Das bedeutet, dass es so oft eure einfachen menschlichen Bedürfnisse sind, die euer Leben diktieren und beherrschen. Das Bedürfnis nach Nahrung, Kleidung, Unterkunft, Zuneigung – diese sehr grundlegenden menschlichen Bedürfnisse regieren euer Universum. Meister wissen jedoch, dass diese menschlichen Bedürfnisse sich ganz leicht, quasi automatisch, erfüllen, sobald sie von der Ebene des totalen Selbstvertrauens aus kreieren. Da ihr dann im großen Maßstab erschafft, aus der Leidenschaft der Seele, mit wahrer Sehnsucht, sickert diese Energie herab und erfüllt alle menschlichen Bedürfnisse. Sie sieht eure wahren Nöte und kümmert sich darum.

Bislang ist eure Energie ganz mit euren menschlichen Notwendigkeiten beschäftigt. So häufig kreiert ihr aus einer verzweifelten Bedürftigkeit heraus, statt aus dem Bewusstsein des großartigen Seelen-Selbst, des ganzen Selbst. Siehst du den Unterschied? Siehst du, dass sich, sobald du im großen Maßstab kreierst, alles entsprechend entwickelt und auch deine menschlichen Bedürfnisse erfüllen? Das ist ein ganz natürlicher Vorgang.

Wenn du von diesem sehr begrenzten Standpunkt der menschlichen Verzweiflung aus erschaffst, wird die Energie der Hoffnungslosigkeit und Verzweiflung deine Kreationen von Anfang an umgeben und begrenzen. Du wirst zwar eine eingeschränkte Reaktion auf deine kreative Energie bekommen, aber sie wird nicht dem entsprechen, was du dir wirklich wünschst.

Dehne deine Energie über alle Verzweiflung hinweg aus. *Sei ein Meister, eine Meisterin.* Erschaffe aus deiner wahren und vollen Passion heraus, nicht nur aus dem hoffnungslosen, menschlichen Ich. Vielleicht fällt es dir schwer, diesen Monat die Miete zu zahlen. Versuchst du dann etwa, in diesem Bewusstsein zu erschaffen? Das wäre ja kläglich. Man bekäme Schwierigkeiten mit diesem Ausbildungsprogramm zur Meisterschaft, wenn man es mit einem derart bedrückten Bewusstsein anginge. Du sagst vielleicht: »Saint-Germain, das ist heute aber notwendig. Ich werde hier bald rausgeworfen, die Mietzahlung ist notwendig!« Ich fordere dich jedoch auf, einen Schritt zurückzutreten. Das ist, was du für dein Bedürfnis *hältst*. Das ist die Falle, in die du selbst getappt bist. Dahinter steckt deine Verzweiflung.

Verzweifelte Leute tun verzweifelte Dinge. Hoffnungslose Schöpfer machen hoffnungslose Kreationen. Ihr verstrickt euch derartig in euren Problemen. *Tritt zurück*. Manchmal sind Menschen so in ihre eigenen Schöpfungen verstrickt, dass ich ihnen sagen muss: »Es ist bald Zeit, dass du stirbst, damit das alles wieder klargeht. Stirb einfach. Dann sprechen wir darüber. Du kannst danach wieder auf die Erde zurückgehen und noch einmal neu anfangen. Und such dir beim nächsten Mal reiche Eltern aus«, sage ich ihnen dann noch.

Liebe erwachende Seelen, ihr müsst doch gar nicht in diese Lage geraten. Tretet einen Schritt zurück. Begreift, dass ihr in einem großartigen Maßstab auf einer wunderbaren Ebene kreiert. Spürt diese Großartigkeit, jetzt.

Atme tief durch und spüre dies jetzt.

(Pause)

Sage dir selbst, schweigend, in Gedanken und spüre, ob es zutrifft oder nicht: »Ich bin großartig. Ich bin wunderbar.«

Fühlt sich das wahr und stimmig an? Falls nicht, spüre weiter in diese Ebene, in diese großartige Facette deiner selbst hinein. Vielleicht ist dieser Aspekt ganz tief irgendwo vergraben, aber es gibt ihn, er ist da. Verbinde dich wieder mit dieser Energie und *fühle* deine wahre Größe. Komm aus dieser menschlichen Verzweiflung heraus.

Wenn Meister auf einer großartigen Ebene erschaffen, statt auf der Ebene der menschlichen Bedürftigkeit, dann werden auch die menschlichen Bedürfnisse ganz leicht erfüllt. Frage einige der Meister, die an diesem Buch mitgearbeitet und die das in ihrem eigenen Leben erfahren haben: Die menschlichen Bedürfnisse werden nebenher mit erfüllt.

Aufgestiegene Meister

Wir haben bereits erwähnt, dass es ganz anders ist, ein Meister der Neuen Energie zu sein, als es war, in den alten Zeiten ein Meister zu sein. Das Bewusstsein der Erde ist jetzt so viel anders als es vor eintausend Jahren war, vor fünftausend Jahren oder in der Zeit irgendeines eurer alten Meister. Sogar jene, die ihr »aufgestiegene Meister« nennt – das ist übrigens ein Begriff, den wir nicht so gern verwenden –, also die weisen Wesen, die früher hier auf der Erde gelebt haben und die nun in anderen geistigen Räumen sind, auch sie wissen nicht, wie dieser Prozess der individuellen, persönlichen Integration der Neuen Energie abläuft, weil sie das in einer ganz anderen Ära gemacht haben.

Es gibt ja viele Bücher über die sogenannten aufgestiegenen Meister, und es wird viel über diese weise und sehr elitäre Gruppe diskutiert. Sie haben jedoch diesen Prozess, durch den ihr geht, selbst nicht durchlaufen. Sie können euch zwar helfen, aber nur bis zu einem gewissen Punkt. Sie können euch mit einigen grundlegenden Kenntnissen und Einsichten helfen, aber ab einem bestimmten Punkt müssen sogar sie sich zurückziehen, damit ihr euren eigenen Prozess der Entdeckung und Erforschung durchlauft. Sie müssen euch auch erlauben, selbstständig durch die Tür in die Neue Energie einzutreten. Das ist der Grund, warum viele von euch zwar früher die Führung der aufgestiegenen Meister spürten, aber in den letzten Jahren das Gefühl hatten, als sei die Verbindung zu ihnen abgebrochen. Ihr habt das so empfunden, als seien sie weggegangen. Sie sind aber noch hier. Ihr selbst seid allerdings weitergegangen, weiter als sie jemals waren.

Mehr über Akzeptanz

Man sagt, es sei einfacher, eine Straße zu reparieren als einen Menschen zurechtzurücken. Das ist so, weil sich die Straße als das akzeptiert, was sie ist, während der, der auf ihr geht, sich selbst nicht annimmt. Es ist also leichter, all die Mittel, die Zeit und die Gelder aufzubringen, um die Straße zu reparieren, damit der zerbrochene Mensch darauf gehen kann.

Wir sind damit an einem einfachen Punkt auf deiner Reise zur Meisterschaft: Akzeptanz. Zuerst kommt die Akzeptanz deiner selbst. Sich selbst wirklich anzunehmen ist eines der schwierigsten Dinge, die ein bewusstes menschliches Wesen jemals tun wird. Ein bewusster Mensch begreift sich selbst als gebrochen. Er betrachtet sich als begrenzt. Er meint, er könne sich nicht selbst heilen und noch viel weniger andere. Er sieht sich als jemand mit geistigen Begrenzungen und voller Schwächen.

Menschen sind so erzogen und geprägt worden, es handelt sich um ein Glaubensmuster, das sie angenommen haben. Es steckt so tief in ihnen, dass sie noch nicht einmal erkennen, was sie sich selbst antun. Menschen akzeptieren nicht, wer sie sind. Sie probieren ständig, irgendetwas in Ordnung zu bringen, schaffen es aber nie, das ganz zu Ende zu bringen. Sie kritisieren sich laufend selbst, analysieren sich ständig, tragen innere Kämpfe aus und verbrauchen auf diese Weise enorme Mengen an Energie.

Meister akzeptieren alles an sich. Sie sehen sich mit den Augen des Mitgefühls, berühren sich mit der Zartheit einer weichen Brise. Sie wissen, dass sie sehr viel mehr sind als ihre Erscheinung auf der physischen Ebene. Sie sind fähig, sich ganz mit dem zu identifizieren, was sie als Ganzheit wirklich sind.

Nimm dir jetzt, in dieser sicheren Umgebung und Energie einen Augenblick Zeit, um dich selbst anzuschauen. Kannst du *alles* akzeptieren, was du bist? Kannst du dein Alter annehmen? Ich weiß, dass viele Menschen damit Mühe haben. Ihr merkt, dass ihr in die zweite Lebenshälfte eintretet, und ihr kämpft gegen euer Alter an – womit das Alter nur noch mehr im Vordergrund steht.

Deine Körpergröße, dein Gewicht, deine physische Erscheinung – kannst du sie so akzeptieren, wie sie sind? Kannst du diesen Körper, in dem du bist, annehmen? Bedingungslos? Liebevoll? Kannst du ihn ohne Wenn und Aber akzeptieren? Ohne zu sagen: »Ich kann ihn annehmen, sobald ich Gewicht verloren habe, sobald ich mich sportlich betätige, sobald ich etwas unternehme, um ihn in Ordnung zu bringen?« Das ist eine von den süßen Trauben, die du niemals erreichen wirst und essen kannst. Du wirst dir immer etwas Unerreichbares vor die Nase halten und dir damit die Freude und Befriedigung der Selbstannahme verwehren.

Vielleicht hast du unter körperlichen Beschwerden gelitten und läufst jetzt vor ihnen davon oder versuchst, sie zu überdecken oder zu verdrängen. Physische Symptome, die auftauchen – seien es nun Probleme im Bauch oder mit dem Herz oder einfach irgendwelche Schmerzen – sind einfach Signale, dass etwas deiner Aufmerksamkeit bedarf. Etwas braucht deine Liebe und Annahme.

Eigenannahme ist wahrscheinlich die schwierigste Herausforderung, vor die du je gestellt wirst. Es fällt dir nicht nur schwer, dich selbst anzuschauen und voll und ganz zu akzeptieren. Auch alles, was von außen auf dich zukommt, von anderen Menschen und aus der Umwelt, spiegelt einfach wider, wie du dich selbst siehst und wie du mit dir selbst umgehst. Falls du dich nicht liebst und so akzeptierst, wie du bist, zeigt sich das auch in der Art, wie andere Menschen mit dir umgehen, und das wird die Tatsache, dass du dich selbst nicht annimmst, dann nur noch verstärken. Warum solltest du dich selbst auch akzeptieren, wenn andere es nicht tun? Wenn sie dir nicht zuhören, wenn sie dich nicht respektieren und achten, wenn sie dich ausnutzen? Warum solltest du dich dir selbst gegenüber anders verhalten? Selbstakzeptanz ist so einfach, so schlicht – und doch so schwierig.

Meister nehmen sich jeden Tag Zeit für sich selbst. Sei es am Morgen, wenn die Energien der Erde geruht haben und eben erst erwachen, oder in tiefer Nacht, wenn alles still ist – Meister nehmen sich Zeit, um ihre Schöpfungen zu akzeptieren, nicht um sie zu kritisieren oder zu analysieren, sondern um sie zu *akzeptieren*. Nur wenn du dich voll und ganz selbst annimmst, kannst du Veränderungen wirklich geschehen lassen. Es braucht die volle Akzeptanz dessen, was du bist – jedes Teils von dir –, bevor du anfangen kannst zu verstehen, wie die inneren Veränderungen tatsächlich vonstattengehen.

Danach kommt die vollständige Annahme aller Dinge, der Welt und der Menschen um dich herum. Es fällt einem jedoch sehr schwer, andere Leute, politische Entscheidungen, Ereignisse in der Welt, weltliche Führungspersönlichkeiten, die Religionen und all die anderen Dinge zu akzeptieren, solange man sich nicht selbst akzeptiert. Sobald du mit der Akzeptanz deiner selbst im jetzigen Augenblick zu arbeiten beginnst, kannst du in die Welt hinausschauen und beginnen, sie als das anzunehmen, was sie ist. Es stimmt schon, in der Welt gibt es Probleme und Konflikte, aber das ist nichts anderes, als wenn Kinder ihre Spielchen spielen. Ja, es gibt Dinge, die du besser oder leichter haben möchtest, aber du musst begreifen, dass sich Menschen dafür entschieden haben. Es sind ihre Kreationen, ihre Spiele. Ob sie die Erde verschmutzen, ob es um Kriege oder Hungersnöte geht – sie haben sich das alles ausgesucht.

Erst wenn ihr zu einer solchen Akzeptanz gelangt, könnt ihr wirklich erkennen, wie diese Energien ursprünglich überhaupt entstehen beziehungsweise erschaffen werden. Wenn ihr annehmt, *was ist*, werdet ihr die Dynamik hinter allem, was sich ereignet, verstehen. Und dann werdet ihr mit umfassendem Mitgefühl und vollständiger Akzeptanz weise genug sein zu wissen, was ihr tun könnt oder sollt – falls es überhaupt etwas zu tun gibt. Mit dieser Perspektive der Weisheit, die ihr dann einnehmt, werdet ihr unter den anderen Menschen hervorleuchten als Leitstrahl für jene, die bereit sind für Veränderung und Transformation.

Gott

In den vorangegangenen Abschnitten haben wir vor allem über die Beziehung gesprochen, die Meister der Neuen Energie zu sich selbst haben, über die Beziehungen zu anderen Menschen und all die Muster und Prozesse, die sich im Umgang mit anderen Leuten und mit den Ereignissen in der Welt ergeben. Jetzt wollen wir über die Beziehung zum Spirit sprechen. Nennen wir ihn Gott.

Diese ganze Vorstellung von höheren Wesen – denn darum geht es ja bei Göttern – war den Menschen während der Epoche von Lemurien und größtenteils auch in der Ära von Atlantis gar nicht bekannt. Es gab kein Wort, um Gott zu beschreiben. Es gab keine Religionen. Es gab keine Anbetung, wie ihr sie jetzt kennt. Religionen sind eine eher späte, eine zeitgenössische Erfindung der Menschheit.

In Lemurien und in Atlantis sprach man einfach vom Unbekannten. Es wurde anerkannt, dass wir nicht verstehen, warum und wie bestimmte Dinge geschehen – das wurde jedoch keiner höheren Macht zugeschrieben. Es war einfach das, was noch nicht erlernt worden war. Mehr nicht. Es gab keine großartige Vergöttlichung, es gab keine Tempel, keine Anbetung und keine Vorschriften. Es war einfach das, was man noch nicht gelernt hatte. Es war schön. Es wurde akzeptiert, dass es Dinge gab, die man erst noch entdecken musste, und es gab die Erkenntnis, dass vieles bereits entdeckt worden war.

Erst vor ungefähr 9 000 Jahren entstand die erste echte Vorstellung von Göttern. Das menschliche Bewusstsein hatte sich verändert und genügend weit entwickelt, dass nun ein Bedürfnis auftauchte, diese Sache zu definieren, die man noch nicht erkannt und erlernt hatte. Also erfanden die Menschen die Vorstellung von Göttern. In gewisser Hinsicht gingen sie damit durchaus in die richtige Richtung. Sie begriffen zum Beispiel, dass es einen Gott der Sonne gab, und das stimmt in gewisser Weise auch. Es gibt eine Energie der Sonne, ein Bewusstsein der Sonne, und das bezeichneten die Menschen damals als einen Gott, weil sie es nicht verstanden und nicht wussten, wie es funktionierte und in welcher Beziehung es zu ihnen und zur Natur stand. Wegen dieses Mangels an Wissen fürchteten sie sich davor und deshalb beteten sie es an.

Sie hatten auch das Gefühl, dass es einen Gott des Wassers gäbe. Da sie die Gewässer nicht begriffen, aber immerhin wussten, dass Wasser für das Leben wesentlich ist, hatten sie Angst und beteten es an. Sie erschufen einen Gott der Gewässer. Dasselbe taten sie in Bezug auf die Luft. Und auch im Hinblick auf die Erde taten sie dasselbe. Sie konnten die Energien dieser Dinge auf einer bestimmten Ebene wahrnehmen, aber sie verstanden sie nicht. Deshalb fürchteten sie sich davor und beteten sie an.

Das Gleiche machten sie mit den Tieren. Sie hatten Vogel-Götter, und in gewisser Hinsicht gibt es ja auch ein Bewusstsein der Vögel und sogar eines bestimmter

Vogelarten. Über dieses Bewusstsein stehen die Vögel miteinander in Beziehung, gleich, wie man das nun mit naturwissenschaftlichen Begriffen definieren würde. Sie verbinden sich mit ihrem Vogel-Gruppenbewusstsein und fliegen gemeinsam in einem Vogelschwarm. Sie führen dieselben Flugbewegungen aus wie andere Vögel und bilden dieselben Muster mit anderen, ohne darüber sprechen zu müssen. Sie benutzen keine gesprochenen Wörter, sondern die Sprache des Bewusstseins. Man könnte also durchaus sagen, dass es so etwas wie einen Gott beziehungsweise ein Bewusstsein der Vögel gibt.

Ihr könnt jede Gruppe auf der Erde nehmen, ob es nun Menschen oder Tiere oder andere Teile der Natur sind: Alles hat sein eigenes Gruppenbewusstsein. Und vor rund 10 000 Jahren begann man damit, diese verschiedenen Formen von Gruppenbewusstsein als »Götter« zu bezeichnen.

Dann tauchte Abraham auf und entschied, dass es nur einen Gott geben sollte. Das stellte in der Tat eine weitere Evolution des Bewusstseins dar, nämlich die Erkenntnis, dass es eine Einheit aller Dinge gibt. Mit der Zeit war es ja auch ziemlich langweilig und auch mühselig geworden, all die verschiedenen Götter anzubeten. In jener Epoche hatten die Menschen Dutzende, vielleicht sogar Hunderte von Götterstatuen zu Hause, die alle unbekannten Bereiche des Lebens repräsentierten und all die zahlreichen Ängste, welche die Menschen hatten.

Abraham brachte die Vorstellung von einem *einzigen Gott* auf und hat die Sache damit auf elegante Weise einfach gemacht. Er sagte: »Ich habe keine Lust, all die verschiedenen Standbilder zu kaufen, ich brauche nur eins. Ich habe gar nicht genug Zeit, um jeden Tag Gebete zu vielen Göttern zu sprechen und sie anzubeten. Ich werde nur einen Gott haben.« Er ging sehr rationell vor!

Diese Idee verbreitete sich rasch, weil auch die anderen Leute es damals satthatten, all die unterschiedlichen Götter anzubeten und sich mit so vielen verschiedenen Ängsten herumzuschlagen. Jetzt konnte daraus eine einzige Angst werden. Die Vorstellung eines einzigen Gottes breitete sich also schnell aus und wurde zur Grundlage der jüdischen Religion, der christlichen Religion und sogar der islamischen Religion. Das sind heutzutage die vorherrschenden Religionen in der Welt, und sie glauben alle an einen Gott.

In den folgenden Jahrtausenden wurde dieses Bild eines einzigen Gottes von Menschen definiert, geprägt, gestaltet – von Menschen, die immer noch Angst haben, und auch von Menschen, die erkannt haben, dass diese Vorstellung ein wunderbares Instrument ist, um zu kontrollieren, zu manipulieren und diesen Prozess einer Art Massenhypnose in Gang zu halten.

Menschen erschufen einen Gott im Himmel, und sie erschufen auch die Antithese zu Gott: den Teufel, den Satan. Dann hüllten sie nicht nur Satan, sondern auch Gott in Furcht ein und erschufen so diese ungeheure Dualität. Anschließend wurden Bücher darüber geschrieben, und es wurde behauptet: »Dieses Buch ist heilig« – obwohl es viele verschiedene Fassungen davon gibt. Es wurde auch behauptet: »Dieses Buch darf nicht verändert werden« – obwohl es schon unzählige Male verändert worden war.

Weiterhin wurde behauptet: »Das ist das heilige Buch, und ihr müsst es verehren« – obwohl die Leute, die anderen diese Dinge vorschreiben wollten, dieses Buch keineswegs immer selbst verehrten.

Ihr kennt diese ganzen Institutionen, die sich um die derzeitige Auffassung von Gott drehen, dieses Geschäft, das damit gemacht wird, und habt das entsprechende Bewusstsein. Gott ist aber immer noch das Unbekannte. Es gibt alle möglichen Regeln und Vorschriften, wie man dem Gesetz Gottes entsprechend leben sollte, aber das ist ein Gott, der sehr weit von uns entfernt ist. Die Vorstellungen von Gott bilden zusammen mit der Vorstellung vom Tod eine schreckliche Schicht aus Angst und Begrenzung für Menschen auf der ganzen Welt.

Meister der Neuen Energie lassen all das los, denn sie haben erkannt, dass die Vorstellung von Gott zwar dem Bewusstsein von Menschen auf der ganzen Welt entspringt, aber dass sie dieses Konzept beziehungsweise dieses Modell nicht selbst auch noch übernehmen müssen.

Ich mache jetzt eine gewagte Aussage: Wenn ihr auf eurem Weg der Erleuchtung voranschreitet, und besonders, wenn ihr einen religiösen oder auch spirituellen Hintergrund habt, dann kommt ihr an einen Punkt eurer Selbst-Entdeckung, an dem es am besten ist, Gott einfach loszulassen. Lasst die ganze Vorstellung davon los, das Wort, die Idee – sogar die Idee vom Spirit. Es ist dann am besten, fast ein Atheist zu werden und alles andere loszulassen, weil die Prägungen durch die Vorstellung von Gott extrem belastend sind. Sie verdrehen, verzerren und pervertieren echte Erkenntnis und wahres

Verständnis und deshalb ist es besser, sie loszulassen. Es ist dann am besten, sich von Gott zu verabschieden.

Mir ist klar, dass diese Aussage einige der wichtigsten Knöpfe drückt, weil die Menschen darauf dressiert wurden, diese Sache, die man Gott nennt, zu fürchten. Fast alle Menschen haben ihre ganz persönliche Version des großen Gottes, des Gottes, zu dem sie zu sprechen meinen oder den sie spüren oder an den sie glauben, des Gottes, den sie im Dunkel und bei Schwierigkeiten in ihrem Leben anrufen, des Gottes, zu dem sie beten.

Wenn man Vorstellungen von Gott aufgibt, dann tauchen oft Ängste auf, dass man damit der Antithese zu Gott erlaubt zu erscheinen, Gottes Nemesis. Es gibt Ängste, dass man damit dem Satan erlaubt, im eigenen Leben aufzutauchen – so wurden viele von euch ja erzogen. »Sobald du Gott aufgibst, kommt der Teufel und übernimmt das Regiment.« Sehr problematische, sehr schlimme Angstenergien könnten sich also entwickeln, wenn ich sage: »Lass Gott los.«

Meister begreifen, dass die Vorstellungen von Gott, die sie früher hatten, einfach der jeweiligen Entwicklungsstufe ihres Bewusstseins entsprachen. Meister erkennen auch, dass sie früher noch keine vollkommene Beziehung zu Gott hatten. So oft haben sie sich von Gott verlassen oder vernachlässigt gefühlt. Sie haben damals gedacht, Gott höre sie nicht wirklich, und deshalb meinten sie, mit kleinen Glocken klingeln zu müssen, um Gott herbeizurufen. Ihre Beziehung zu Gott war bestenfalls distanziert, meistens jedoch eher dysfunktional. Wenn Meister ihre geistige Entwicklung einschätzen und aufarbeiten, kommen sie auf dem spirituellen Weg an einen Punkt, an dem es Zeit wird, Gott am Wegesrand stehen zu lassen.

Das ist eine sehr schwierige Herausforderung. Sie wirft Themen aus dieser und vielen anderen Lebensspannen auf, sehr tiefgründige Themen, die eng mit dem tiefsten inneren Bewusstsein verwoben sind. Es kommt jedoch der Zeitpunkt, von dem an es notwendig wird, eine neue Beziehung zu Gott aufzubauen.

Wir wollen ab jetzt das Wort »Gott« nicht mehr verwenden. Es ist ein altes Wort, das mit alter Energie belastet ist. In manchen frühen Schriften wurde das Wort »Gott« noch nicht einmal niedergeschrieben. Es gab andere Worte, die dieselbe Bedeutung vermittelten, zum Beispiel YHWH, Jehovah. Manchmal nannte man das sogar »die vier Buchstaben, die nicht ausgesprochen werden dürfen«. Meistens wurde diese Sache, die ihr heutzutage oft Spirit nennt und die früher Gott hieß, nicht einmal benannt. Jeder wusste, wovon die Rede war, aber das Wort selbst wurde nicht ausgesprochen.

Dabei ging es gar nicht darum, besonders ehrerbietig zu sein und deshalb nicht »Gott« beziehungsweise »YHWH« zu sagen. Vielmehr hatten die Meister damals verstanden und achteten auf diese Weise die Tatsache, dass ein Konzept, eine Vorstellung von Gott schlicht unaussprechlich war. Sie wussten: In dem Augenblick, in dem sie über die Vorstellung von Gott in der üblichen Sprache sprechen würden, würde dieser Entwurf seine Energie verlieren, seine unbeschreibliche, wundervolle Energie. Eine ganze Zeit lang nahm man das Wort »Gott« also noch nicht einmal in den Mund, man spürte es einfach.

Die Beziehung zu dem, was ich einfach das Unbekannte nenne, kann erkannt werden. Es ist eine sehr persönliche Beziehung, weil es *deine Beziehung mit dir selbst ist.* Es geht darum, wie du dich zu dir selbst in Beziehung setzt. Du bist daran gewöhnt, zu dir selbst auf einer sehr menschlichen und begrenzten Ebene in Beziehung zu sein und dich auf Gott als etwas zu beziehen, das sehr weit entfernt und distanziert ist, auf einer sehr hohen, mächtigen Ebene. Ihr neigt dazu, euch Gott als allwissend und allgegenwärtig zu denken, aber gleichzeitig habt *ihr* selbst diese Trennung, diese Kluft zwischen euch und Gott geschaffen.

Als ein Meister, eine Meisterin der Neuen Energie entwickelst du eine völlig neue Beziehung zu »dem, was noch gelernt werden muss«, zu »dem, was noch erspürt werden muss«, zu »dem, was erst noch verstanden werden muss«.

Man könnte einwenden, dass es immer etwas geben wird, das man noch verstehen muss, weil es, während sich diese Beziehung zwischen dir und dem Unaussprechlichen weiter entfaltet, zwischen dir und dem Unbekannten in dir immer mehr zu entdecken und zu erfahren gibt. Dieser Prozess ist endlos, und er vollzieht sich geradewegs hier, in dir selbst. Er kommt aus keiner Kirche. Er kommt aus keinem Tempel, der aus Stein oder Holz erbaut ist. Er kommt auch nicht von Engelwesen, denn viele von diesen müssen das »Unbekannte« erst noch erfahren – das, »was noch erlernt werden muss«.

Dies alles lässt sich nur sehr schwer in menschlichen Begriffen beschreiben, aber es geht um eine neue Beziehung zu »dem, was noch erlernt werden muss«. Das bist du, aber es ist noch viel mehr als du. Es ist innen, aber es umfasst auch noch so viel mehr. Du bist ein Partner und Teilnehmer daran, und doch bist du es auch selbst ganz und gar.

Seht ihr? Wir gelangen an den Punkt, wo wir das gar nicht weiter definieren und beschreiben können. Deshalb sprechen wir davon, dass die Meister der Neuen Energie ihre alten Überzeugungen, Glaubensmuster und Vorstellungen von Gott ablegen, dass sie dem Spirit »auf Wiedersehen« sagen – weil all das nur ein Konzept war, ein Modell, eine Vorstellung. Und sie öffnen sich und laden ein, »was noch entdeckt werden muss«.

Schaut euch eure Beziehung zu eurem früheren Gott an. Habt ihr geglaubt, dass Gott alles weiß? Vielleicht tut Er das nicht. Habt ihr geglaubt, dass Gott überall ist? Vielleicht ist Er das nicht. Habt ihr geglaubt, dass Gott alle Dinge heilen und richten kann? Vielleicht kann Er oder Sie das nicht.

Sieh dir mal jeden Gedanken und jedes Gefühl an, die du je hattest, und alle Gebete, die du jemals gesprochen hast. Schau dir deine Beziehung zu Gott an. Meister erkennen, dass es Zeit ist, all das abzulegen und loszulassen, damit sich eine *neue* Beziehung zu »dem, was noch entdeckt werden muss« entwickeln kann.

Mehr will ich dazu nicht sagen, weil die Worte sich dann nur im Kreis bewegen würden. Sie würden herumwirbeln und euch nur veranlassen, auf der intellektuellen, auf der rationalen Ebene weiter darüber nachzudenken. Jetzt ist es nur ein weißer Fleck, eine Leere. Und es ist Zeit, einfach loszulassen, damit ihr auf dem neuen Weg vorwärtsgehen könnt.

Die Magie der Meisterschaft

An diesem Punkt beginnt für den Meister und für die Meisterin die Magie. Sie müssen einige der tiefsten Glaubensmuster loslassen, die sie am stärksten in ihrem Selbstbild begrenzen. Und das sind zugleich die Glaubensmuster und Begrenzungen, die sie bislang in Bezug auf Gott gehabt haben. Nun ist der Meister, die Meisterin wirklich frei.

Ein Meister erkennt, dass es nichts gibt, aber in diesem Nichts kann alles sein. Anders gesagt: Es gibt keinen vorherbestimmten Pfad oder karmischen Weg, dem Meister folgen müssen. Alles ist bereits hier in diesem Jetzt und zugleich ist eigentlich nichts da, bis der Meister beginnt, etwas zu wählen, sich für etwas zu entscheiden. Die Magie taucht jetzt auf, weil die Begrenzungen der Vergangenheit aufgehoben sind.

Was ist Magie? Magie ist einfach nur das, was man jetzt noch nicht erklären kann. Alles ist magisch, alles ist zauberhaft, wenn du es dir anschaust. Alles ist wunderschön und phänomenal, wie es ist und funktioniert. Erst wenn der menschliche Verstand anfängt, alles in rational erklärbare, analytische Begriffe zu fassen, geht die Magie verloren.

Magie bedeutet eine gewisse Anregung und Aufregung und heißt, dass etwas neu entdeckt wird. Magie bedeutet, dass man Zugang zum Unbekannten erhält, es in diese Realität bringt und ihm erlaubt, sich hier zu entfalten und zu wirken. Die Magie verschwindet erst dann aus der Magie, wenn man begreift, wie sie tatsächlich entsteht und funktioniert, wenn man sie seziert und in menschlichen Begriffen oder in mathematischen Formeln ausdrückt, wenn man eine starre Struktur um sie herum errichtet – oder zumindest denkt, man könne das tun.

Merlin

Lasst uns über Merlin sprechen. Viele von euch werden an Merlin in Zusammenhang mit der Energie dieser Gestalt aus der Zeit von König Arthur und Camelot denken, aber Merlin war keine einzelne Person. Merlin begann ungefähr fünfhundert bis sechshundert Jahre vor unserer Zeitrechnung. Die Essenz oder der Ursprung von Merlin stammt aus Gegenden, die ihr heute als Ungarn und Rumänien kennt. Kleine Gruppen von Menschen verließen ihre damaligen Gemeinschaften und Gesellschaftsformen und flohen aus ihren Ländern, weil sie wussten, dass es mehr geben musste. Sie wollten sich nicht mehr diktieren lassen, was und wie sie glauben sollten. Also begannen sie, ein Bewusstsein von Magie zu kreieren, um mehr zu entdecken und über das Bekannte hinauszugehen.

Das Wort »Merlin« bedeutet einfach nur »jemand, der über das Bekannte hinausgeht«. Oder »derjenige, der sich geöffnet hat«. Andere Interpretationen sind: »Jemand, der über das Bekannte hinaus sieht« oder »Seher von Dingen«.

Diese Gruppe von Menschen gründete das, was wir heute als eine der ersten Mysterienschulen bezeichnen würden. Sie erlaubten sich, über das Bekannte hinauszugehen. Es waren echte Bewusstseinspioniere. Sie ließen die Angst vor Dämonen, Drachen und Göttern los und erschufen ihren eigenen sicheren und heiligen geistigen Raum, in dem sie ihre Energien öffnen und ausdehnen konnten. Sie halfen mit, das Wesen zu kreieren, das ihr jetzt als den Zauberer Merlin kennt.

Sie beschlossen, dass Merlin immer von einem Individuum in einer Zeit verkörpert werden sollte. So hat es in den etwa zweitausendfünfhundert Jahren, die seither vergangen sind, viele Merlins gegeben, einen nach dem anderen. Die Merlin-Energie verbreitete sich immer mehr und wurde immer deutlicher wahrgenommen, besonders etwa fünfhundert Jahre nach dem Tod von Jeshua*. Die Merlin-Energie wurde ein selbstverständlicher Teil der Gesellschaft, sie musste sich nicht mehr verstecken, nicht mehr in Höhlen und dunklen Wäldern verbergen. Sie konnte ans Licht der Öffentlichkeit treten.

Die Merlin-Energie, und vor allem die, die ihr aus den Legenden um König Arthur kennt, hat mit Hoffnung für die Menschen zu tun, mit der Magie und dem noch nicht entdeckten Potenzial der Menschheit. Merlin repräsentierte, wie ihr wisst, Magie und zugleich die Energie der Druiden. Merlin war besonders deutlich spürbar in der Zeit, als sich die neue christliche Energie in den verschiedenen Ländern ausbreitete. Obwohl die Energien von Merlin und von Arthur zusammenarbeiteten, standen sie sich auch gegenüber. Das ist übrigens eine interessante Geschichte, die zeigt, wie Dualität wirken kann. Die Energie, die von Arthur repräsentiert wurde, stellt den

* Gemeint ist Jesus (Anm.d.Ü.).

Weg in das Bewusstsein dar. Die andere, von Merlin vertretene Energie ist der Weg aus dem Bewusstsein hinaus.

Jetzt, wo wir in die neue Ära eintreten, muss Merlin nicht mehr von einem einzigen Individuum oder einer kleinen Gruppe repräsentiert werden. Die Meister der Neuen Energie erkennen, dass *sie selbst* die Merlins sind. Sie sind es, die über das Bekannte hinausgehen. Sie sind es, die begreifen, dass alles eine sehr real wirkende Illusion ist. Sie verstehen, dass Energie in Wahrheit keine Struktur braucht. Sie kann vorübergehend eine Struktur bekommen, um die Anforderungen ihres Erschaffers zu erfüllen, aber sie hat an sich keine eigene wesentliche Struktur.

Die Meister der Neuen Energie, die neuen Merlins, wissen, dass der Umstand, dass etwas noch nicht naturwissenschaftlich erkannt oder verstanden wird, nicht bedeutet, dass es nicht real ist. Schaut euch die Geschichte der letzten Jahrtausende an. Heutzutage gibt es Dinge, die man vor nur hundert Jahren als Zauberei betrachtet hätte. Heute werden Dinge als selbstverständlich angenommen, die vor nicht mehr als fünfhundert Jahren als etwas Böses und als Sünde oder zumindest als etwas spirituell Verdächtiges betrachtet worden wären. Man hätte sich damals vor diesen Dingen gefürchtet.

Die Meister der Neuen Energie wissen, dass *alles* geschehen kann. Ihr *könnt* über den Punkt hinausgehen, an dem ihr jetzt seid. Ihr seid nicht auf euren physischen Körper oder eure physische Umgebung begrenzt, und doch könnt ihr darin ganz gegenwärtig sein. Ihr seid nicht auf die alten Gesetze der Physik beschränkt, denn diese Gesetze verändern sich, während sich das Bewusstsein verändert. Manche Leute sagen, die physikalischen Gesetze seien unveränderlich und dass es nun einmal so ist und auch so bleibt. Der neue Merlin begreift jedoch, dass dies nur *eine* Art und Weise darstellt, wie die Dinge sind. Es gibt noch eine Menge anderer Möglichkeiten.

Ein Merlin erkennt, dass man der Energie Gestalt geben und sie verändern kann, ganz wie man sich entscheidet – solange man bereit ist, über das Bekannte und Übliche hinauszugehen. Der neue Merlin muss bereit sein, über das hinauszugehen, was bislang von den Menschen und der Wissenschaft erkannt worden ist, und auch über das, was derzeit von den Religionen oder sogar von Philosophien anerkannt wird.

Ein Merlin versteht, dass er immer zum Kern zurückkehren wird, und das ist ein sehr entscheidender Teil der Weisheit eines Meisters. Viele von euch hatten Angst, über das Übliche hinauszugehen, Angst, euch multidimensional auszudehnen, weil ihr befürchtet habt, eure Basis, eure Fundamente zu verlieren. Bis jetzt hat das wahrscheinlich auch gestimmt. Ihr hättet vermutlich den Kontakt mit eurer menschlichen Identität in dieser Wirklichkeit verloren. Eure menschliche Identität befindet sich an einem Punkt in Zeit und Raum – und wir fügen hinzu: an einem Punkt der Erfahrung – und wenn ihr euch zu sehr ausgedehnt hättet, wenn ihr über all das hinausgegangen wäret, wie es die Merlins früher getan haben, dann wäre das Risiko, dass ihr diesen Punkt für euch selbst verloren hättet und von euch selbst abgetrennt worden wäret, ziemlich hoch gewesen.

Menschen, die auf einer, wie ihr wohl sagen würdet, einfacheren oder langsameren Bewusstseinsebene sind, würden, wenn sie versuchten, diese Reise ins Unbekannte zu unternehmen, vielleicht Dinge erleben, die ihre Persönlichkeit spalten. Sie tendieren nämlich dazu, Phänomene wie »multiple Persönlichkeiten« zu erfahren, eine psychische Störung also. Dabei erleben sie, dass sich Teile ihrer Persönlichkeit in andere Bereiche und Dimensionen begeben und dann buchstäblich auf diesen anderen Ebenen existieren. Dann haben sie nicht nur damit zu tun, ihr Leben und all dessen Aspekte hier auf der Erde zu führen, sondern auch noch auf mehreren Ebenen gleichzeitig zu leben. Das ist eine sehr schwierige und außerordentlich verwirrende Erfahrung für ein lebendiges Wesen, für das menschliche Selbst.

Meister indes, die sich selbst und die Wirklichkeit, die sie umgibt, vollständig angenommen und ihre alten Vorstellungen von Gott losgelassen haben (die im Grunde genommen auf Angst beruhten) – solche Meister sind nun frei, das Unbekannte zu erforschen, das, »was noch erkannt werden muss«. Wir ihr merkt, besteht ein direkter Zusammenhang zwischen dem, »was noch erkannt werden muss« und der Vorstellung von Spirit.

Dabei ist der entscheidende Punkt, dass ein Merlin, ein Meister der Neuen Energie, all diese geistigen Ebenen jetzt relativ mühelos erforschen und sich dafür öffnen kann – voller Leichtigkeit und Grazie und in dem Wissen, dass er immer wieder zu sich selbst zurückkehrt. Meister der Neuen Energie wissen, dass sie sich nicht mehr in der Vielzahl der Dimensionen verlieren werden und auch nicht in all den Ereignissen und Dingen, die sich in ihrer äußeren, physikalischen Realität abspielen. Ein Merlin findet immer seinen Weg zurück nach Hause, weil er in sich selbst einen Heimatort kreiert – einen Raum, in dem er bei sich ist, in der Wirklichkeit des Jetzt, einen Raum, der so einladend und so sicher ist, dass er immer dorthin zurückkehrt.

Es ist doch so: Solange ihr euch selbst nicht akzeptiert, solange ihr euren Körper ablehnt, solange ihr gegen euren Verstand ankämpft, solange ihr die Umwelt nicht annehmt, wie sie ist, ist es sehr schwierig, diese multidimensionale Öffnung zu erreichen, wo ihr Energie gestalten und verändern könnt, wie ihr es wollt – und dann auch wieder ganz nach Hause zu kommen. Bis jetzt war euer Zuhause *kein* freundlicher Ort, an dem ihr euch willkommen geheißen wisst und wohlfühlt.

Diese Realität hier, euer Körper, diese Zeit, dieser Raum und diese Erfahrungen haben sich nicht so angefühlt, als sei eure Energie hier willkommen und als wolltet ihr gern hierher zurückkommen. Ihr habt das alles vielmehr als chaotisch, verwirrend und wenig einladend empfunden. Jetzt aber, in der Meisterschaft der Neuen Energie könnt ihr einen Raum und einen Ort erschaffen, der eurer ist, der euch einlädt und willkommen heißt, der eure Heimat ist. Das *seid* ihr, und das ist *in* euch.

Jetzt kannst du nach draußen gehen und neue Dinge erforschen. Jetzt bist du frei, auf eine Weise mit den Energien zu spielen, wie es vorher nie möglich war. Auch deinen Geist kannst du nun so frei schweifen lassen wie lange Zeit nicht mehr.

Ihr habt euren Geist gefangen genommen und eingesperrt, ihr habt ihn isoliert und beschützt, habt die Tür verschlossen und die Fenster zugemacht. Ihr habt ihn begrenzt, weil ihr Angst vor dem hattet, was vielleicht passieren könnte, wenn ihr euch öffnet und ausdehnt. Dasselbe habt ihr mit eurem Spirit gemacht: Ihr habt ihn irgendwo versteckt, um ihn zu schützen und vor dem zu bewahren, was ihr als harsche und harte Realität betrachtet habt.

Jetzt aber bist du frei, dich zu öffnen und zu expandieren. Du bist frei, ganz verrückte Dinge zu tun, deine ätherische Energie auszuweiten – nicht nur in dieser, sondern in allen Dimensionen. Und du bist vor allem frei genug, um nicht alles verstehen zu müssen, was du erfährst. Das ist ein weiteres wichtiges Prinzip.

Deine Begrenzungen sind ein Resultat der Unfähigkeit deiner mentalen Vernunft zu begreifen, was eigentlich los ist. Du bist darauf trainiert, ein Verstandeswesen zu sein. Jedes Mal, wenn du gespürt hast, wie sich deine Energie ausdehnte, über das Bekannte hinausging und Orte und Bewusstseinsebenen erkundet hat, die der Verstand nicht mehr begreifen konnte, wurde dieser ganze Vorgang gestoppt. Du hast dich selbst daran gehindert, in andere Bereiche und Energiefelder zu reisen und dich dort spielerisch zu erfreuen, weil du deinen Verstand nicht dorthin mitnehmen konntest.

Jetzt aber bist du frei, dich zu öffnen. Du kannst weitergehen. Du brauchst keinen Verstand mehr, der alles versteht. Es kommt ein Punkt, von dem an der Verstand einfach nichts mehr begreifen *kann*. Er ist dafür nicht eingerichtet, er ist darauf nicht eingestellt und auch nicht entsprechend trainiert, weil er ja dazu da ist, in der menschlichen Realität und auf der Ebene der irdischen Energien zu funktionieren. Jetzt kannst du aber darüber hinausgehen und musst nicht länger darüber nachdenken.

Darin lag ja die Schönheit und Anmut der ursprünglich erschaffenen Merlin-Energie: in der Freiheit, dass der Verstand dies alles nicht wissen und verstehen musste. Und das ist auch ein wesentlicher Aspekt, wenn es darum geht, diese Merlin-Energie in dein Leben zu bringen. Erneut können Worte nur ungenügend beschreiben, worum es geht. Denn wie soll man etwas verbal beschreiben, was sich nicht in Worten erklären lässt? Wie soll man etwas definieren und erklären, was sich nicht erklären und definieren lässt? Es ist einfach, es besteht.

Meister wissen, dass man etwas erfahren kann, auch ohne es zu verstehen. Meister erkennen, dass man etwas erleben kann, ohne es analysieren, strukturieren oder definieren zu müssen. Das ist die Essenz Merlins, das ist das Wesen der Magie.

Nachdem sie sich selbst und die Welt vollständig angenommen haben, nachdem sie sämtliche alten Blockaden und Begrenzungen losgelassen haben, erlauben sich Meister nun das *Erfahren* auf allen Ebenen.

Du gibst dir selbst die Freiheit, dich in jeder nur möglichen Richtung zu öffnen und auszudehnen – ohne ir*gendwelche Beschränkungen*. Meister wissen, dass es kein »Richtig« und kein »Falsch« mehr gibt, dass es keine Regeln und Gesetze mehr gibt.

Das ist etwas, was ein Merlin tief im Inneren erkennt: Keine Regeln, denn die würden das Selbst nur begrenzen. Hier draußen, in diesen zahlreichen, vielschichtigen Dimensionen gibt es keine Regeln und Gesetze. *Es gibt keine Regeln.* Es gibt hier kein Gesetz der Schwerkraft, keine Gesetze über die Wirkung von Kräften, keine Gesetze der Dualität oder über irgendwelche anderen Dinge. Alles ist frei und klar und deutlich – und du als Meister beziehungsweise Meisterin der Neuen Energie kannst spielerisch damit umgehen.

Diese Vorstellungen und Prinzipien sind sehr einfach. Es mag zwar eine Tendenz geben, zu sehr darüber nachzudenken und Regeln dafür formulieren zu wollen. Meister erkennen jedoch, dass es in Wahrheit gar keine Regeln gibt.

Es gibt das Selbst.
Es gibt Erfahrung.
Und es gibt Ausdruck.
Lasst uns gemeinsam tief durchatmen.

Während du diese Worte gelesen hast, ist eine enorme Menge an Bewusstsein durch dich hindurchgeflossen. Manches davon haben deine Augen gesehen. Vieles ist dir auf zahlreichen anderen Ebenen übermittelt worden. Nun, da wir am Ende dieses Abschnitts im Leitfaden zur Meisterschaft der Neuen Energie angelangt sind, erlaube dir, mit dem zu spielen, was hier diskutiert wurde. Erlaube dir, das neue Unbekannte zu erfahren.

Vertrauen, Wissen und Meisterschaft

Wir haben uns zu Beginn dieses Buches mit Vertrauen in das Selbst beschäftigt. Das ist der wichtigste Einzelfaktor zur Erlangung der Meisterschaft, um ein Meister beziehungsweise eine Meisterin zu werden. Und das ist auch das entscheidende Element, um in die Neue Energie zu kommen. Wenn du dir selbst, deinem eigenen Selbst, nicht vertraust, dann gehst du einen sehr umständlichen und gewundenen Weg in die Neue Energie. Du wirst zwar früher oder später dorthin gelangen, aber es wird ein harter und schwieriger Weg sein.

Der Schlüssel besteht darin, unzweifelhaftes, unausgesprochenes und umfassendes Vertrauen in dich selbst zu haben – und absolutes Mitgefühl mit dir selbst. Das ist das Geheimnis der Meisterschaft. Darüber braucht man keine dicken Bücher zu schreiben, und du brauchst auch keine langwierigen Studien zu betreiben oder viele Kurse zu besuchen. Diese Art von Vertrauen reicht bereits. Du entscheidest dich einfach dafür, wählst es für dich aus. Das ist auf elegante Weise einfach, und doch machen manche Leute eine komplizierte und schwierige Angelegenheit daraus.

Indem du dir selbst von Tag zu Tag ein wenig mehr vertraust, öffnest du dich für das, was du wirklich bist. Nicht nur für die Identität, die du jetzt hast und kennst, sondern für dein *wahres* Ich. In dem Maße, in dem du dich durch Vertrauen öffnest, entdeckst du, was das Unbekannte, das Unerklärliche wirklich ist. Und dann wirst du verstehen, warum es so schwierig ist, es in Worte zu fassen. Du wirst begreifen, warum wir noch nicht einmal Begriffe wie »Spirit« oder »Gott« verwenden möchten, um es zu definieren, und du wirst entdecken, dass es bereits in dir ist – jedoch nicht irgendwie in dir »gefangen« und auch nicht auf das Innere beschränkt. Es ist in dir, aber es ist ein Teil von dir, der so umfassend ist, dass man ihn nicht beschreiben kann. Es kann nicht definiert, sondern nur entdeckt und erfahren werden.

Ich habe auch von der Merlin-Energie gesprochen. Ein Merlin ist jemand, der in das Unbekannte eintritt. Es ist der Entdecker, der Forscher. Ich habe von diesem ganzen Konzept der Magie gesprochen, das nichts anderes ist als das, was ihr noch erkennen oder verstehen müsst.

Wir wollen diese beiden Aspekte – das Vertrauen und die Merlin-Energie – nun in einer kurzen Übung miteinander verbinden. Ich werde euch schnell hintereinander ein paar Fragen stellen und ihr sollt euch dabei selbst *vertrauen*. Dann werden die Antworten zu euch kommen. Sie *werden* in euch auftauchen. Sie stammen nicht von irgendeiner äußerlichen Energie, sondern kommen nur aus euch selbst. Stellt euch die folgenden Fragen laut vernehmlich, und wartet dann nicht länger als zwei Sekunden, um die Antwort unmittelbar zu erfühlen.

Wie lautet der Titel deines ersten Buches?

Wie heißt der erste Song, den du schreibst?

Wie wirst du finanzielle Fülle in dein Leben bringen?

Was ist das Wichtigste, was du im Hinblick auf deine Beziehungen mit anderen Menschen jetzt tun kannst?

Du merkst, dass wir schnell vorwärtsgehen, und vielleicht sagst du (oder denkst dir): »Bitte etwas langsamer, ich brauche Zeit, um über die Antwort nachzudenken.« Das ist so, weil du eben versuchst, über die Antwort *nachzudenken*. An diesem Punkt kommt die Merlin-Energie ins Spiel, denn nun geht es um das Vertrauen, mit dem du die Antworten einfach *spürst*. Du hörst dabei keine Worte, sondern du fühlst einfach *irgendetwas*, das sich vielleicht gar nicht definieren lässt. Es ist so ein Gefühl des Wissens, ein Gespür für etwas.

Noch ein paar Fragen:

Was ist das Beste, was du für deinen Körper jetzt tun kannst?

Welcher Name passt in diesem Augenblick am besten zu dir?

Wie sieht dein »Entsprechungs-Engel« aus?*

Was ist dein Lieblingsspiel?

Was war dir in deiner frühen Kindheit, in den ersten Lebensjahren am wichtigsten?

Was würdest du jetzt am liebsten erschaffen?

Was ist das Wichtigste im Hinblick auf deine Beziehung zu dir selbst?

Was wirst du in Bezug auf deinen Job unternehmen?

Was kann jetzt im Moment Klarheit in dein Leben bringen?

Welcher einzelne Faktor hält dich am meisten zurück?

Wo würdest du gern leben?

Was macht dir große Freude – in dir, für dich selbst?

Wie viel Geld möchtest du auf dem Konto haben?

Wer hat dich vor Kurzem angelogen?

* Der Begriff »Entsprechungs-Engel« bezeichnet Engel, die sowohl auf der himmlischen als auch auf der irdischen Ebene und sowohl mit himmlischen als auch mit irdischen Energien wirken.

Was ist im Moment dein kühnster Traum?

Wohin wirst du von hier aus gehen?

Wie möchtest du von mir genannt werden?

Wohin möchtest du gern reisen?

Was ist deine größte Angst?

Was ist dein nächster Schritt?

Ihr seht, es *gibt* Antworten. Es gibt sie, weil die Antworten auf all diese Fragen in eurem Bewusstseinsfeld liegen beziehungsweise Teil eures Potenzials sind. Vielleicht habt ihr sie bisher nicht erkannt oder vermieden. Ein Teil von euch hat die Antworten, die kamen, vielleicht sogar vor euch selbst verleugnet. Aber: *Vertraut* jeder einzelnen Antwort, die in euch aufgetaucht ist!

Vielleicht sagst du nun: »Aber ich hatte ja gar keine Zeit, um über die Antworten nachzudenken. Sie kamen einfach. Das war einfach verrückt.« Es ist nicht verrückt, sondern es gibt einen Grund, warum diese Antworten zu dir kamen. Die Antworten (und der Grund, warum sie kamen) haben vielleicht sehr viele Schichten, und vielleicht nimmst du nur eine davon wahr. Wenn du die Antworten erkundest, die du dir soeben selbst gegeben hast, erforsche auch jene Schichten und Facetten, die nicht auf Anhieb sichtbar sind. Es geht, wie erwähnt, immer darum, mit der Energie in tiefere Schichten vorzudringen und weitere und andere Aspekte der Antworten zu entdecken und zu verstehen. Mach das aber ohne zu denken. Tu es in demselben Bewusstsein, in dem du gerade diese Fragen beantwortet hast.

Es gibt die Tendenz, das als trivial zu betrachten, was du in dir gehörst hast, und zu sagen: »Ich weiß ja gar nicht, woher die Antwort eigentlich kam.« Sie kam aus dir, von dir, aus deinem Energiefeld. Sie hat die ganze Zeit nur auf eine Gelegenheit gewartet, herbeizufliegen und sich bemerkbar zu machen. Und sie wusste, dass sie schnell handeln musste, als sich die Chance dazu bot.

Denkt dran: Es *ist wirklich* so einfach. Das ist übrigens ein kleines Spiel, das ihr jederzeit spielen könnt. Stellt irgendwelche Fragen. Bittet jemand anderen, sie euch zu stellen. Macht das in einer Gruppe von seelenverwandten Menschen, die alle im Prozess des Erwachens sind. Dann *vertraut aber auch den Antworten,* ganz gleich, wie schwierig oder heikel sie zu sein scheinen. Vielleicht kam eine negative Antwort. Vielleicht war es nicht das, was ihr hören wolltet, aber es gab einen Grund, warum gerade diese Antwort für euch aufgetaucht ist.

Seht ihr, das ist etwas, was die Merlins immer gewusst haben. Sie sind nicht im Sumpf der intellektuellen Analyse stecken geblieben. Wenn sie entsprechend versumpft wären, wären sie keine Merlins gewesen. Dann hätten sie festgesteckt und wären nie in der Lage gewesen, die Grenzen der Dimensionen zu überschreiten und die Landschaften ihrer Wirklichkeit zu verändern.

So schlicht diese Übung auch war, erinnert euch an ihre Energie, denn sie lässt euch spüren, was es bedeutet, ein Merlin zu sein, ein Meister zu sein. Das intuitive Wissen und das Akzeptieren dessen, was auftaucht, macht die Meisterschaft aus. Es geht um dieses stillschweigende, selbstverständliche Vertrauen darauf, dass die Antwort einfach hereinkommt.

Vielleicht sagst du nun: »Ich habe keine Antwort erhalten.« Doch, das hast du. Du hast nur nach etwas ganz Speziellem Ausschau gehalten, hast vielleicht nach ganz bestimmten Worten gesucht, aber die Antwort ist einfach als ein Gefühl aufgetaucht. Es kann auch sein, dass die Antwort in einem Bild bestand, das kurz auftauchte, oder in einer blitzartigen Erkenntnis. Die Antwort war vielleicht ein einziges Wort. Oder du hast gehört, wie ein ganzer Satz oder mehr gesprochen wurde, und warst damit beschäftigt, das Gesagte zu entschlüsseln. Die Essenz der Antwort ist aber immer noch vorhanden, und sie wird dableiben. Du kannst jederzeit zu jeder beliebigen Frage zurückkehren und dich fragen, was du in diesem Moment gespürt hast.

Atme tief durch und erinnere dich daran, wie einfach es war. Und denke auch daran, dass es um die Erfahrung geht, *dir selbst* zu vertrauen. Die Antworten kamen nicht von irgendwo sonst. Zahlreiche Engelwesen sind während dieser Übung bei dir, um sicherzustellen, dass sich keine anderen Energien störend einmischen. Es war kein anderer da – die Antworten sind aus dir selbst gekommen.

Teil 3

Neues Bewusstsein im Alltag

Fragen und Antworten

Frage 1: Ein Teil von mir weiß wirklich, dass ich großartig bin, dass ich ein Meister und ein wahrer Schöpfer bin. Und doch spürt ein anderer Teil von mir große Schmerzen und Trauer und fühlt sich müde und enttäuscht. Wie kann ich auch diesen Teil akzeptieren, ohne ihn zu verwerfen, aber auch ohne ihm zu erlauben, den Anteil der Meisterschaft in mir zu unterdrücken? Ich habe das Gefühl, dass das mit der Balance meiner männlichen und weiblichen Energien zu tun hat.

Saint-Germain: In der Tat. Zunächst einmal verstrickst du dich hier ein bisschen in intellektuellem Geplänkel. Ich begreife, dass dein Herz wirklich Anteil an dieser Frage nimmt, aber dir selbst gegenüber intellektualisierst du das. Du versuchst, diese ganze Sache zu sezieren und zu analysieren. Das kannst du jetzt einfach sein lassen.

Erkenne, dass du auch als Meister Anteile hast, die unsicher sind und sich klein fühlen, denn das ist eine Erfahrung, die du dir selbst gegeben hast. Du hast das erschaffen. Versuche nicht, diesen Teil von dir zu verleugnen, lass ihn aber auch nicht zum Herrscher deines Reiches, deines Lebensraumes werden. Erhebe dich über ihn. Begreife, dass er nur ein Aspekt von dir ist, nur ein Teil, und dann wähle aus und *entscheide.* Richte deine Energie auf die Meisterschaft aus, die du erlangen möchtest, und lade sie entsprechend auf. Dann wird die Energie dessen, was du den kümmerlichen Menschen, den mickrigen und eingeschränkten »Meister« nennen könntest, bald erkennen, dass sie zwar ein Meister war, der seine Realität erschaffen hat – aber nun darin feststeckt. Dann wird sich dieser Anteil von dir schon bald in den Tanz der Übereinstimmung mit dem Rest von dir einreihen.

In Zusammenhang mit dem Thema Meisterschaft möchte ich eine Warnung aussprechen: Du verlierst dich dabei leicht in intellektuellen Überlegungen, weil du versuchst, dich zu dem Glauben zu zwingen, dass du ein Meister bist, obwohl du dich noch gar nicht richtig als Meister fühlst. Deshalb sage ich, dass du alle Facetten deiner selbst untersuchen sollst. Geh einen Schritt zurück, schau dir an, wie du all das hier erschaffen hast, und dann, wenn du dich dazu bereit fühlst, atme tief durch und *akzeptiere,* dass du ein Meister und ein Schöpfer bist.

Alles läuft letztlich darauf hinaus, sich selbst zu vertrauen, denn das ist der fundamentale Grundsatz für Meister der Neuen Energie. Es geht um hundertprozentiges, bedingungsloses Vertrauen in dich selbst. Das ist ein Paradox, weil es eine Hingabe an dich selbst impliziert, nicht an ein äußeres Wesen, sondern an dich selbst. Zugleich bedeutet es aber auch vollständige Selbstannahme. Du gibst deine Fassade auf, die Illusion der eigenen Identität und akzeptierst die Fülle und Ganzheit dessen, was du bist. Du erreichst die Ebene des vollständigen und totalen Vertrauens, und darauf kommt es ja an.

Ich bitte dich, dies zu spüren und nicht nur darüber nachzudenken. Du kannst dich im Nachdenken verlieren, aber ich fordere dich auf, deine Großartigkeit zu fühlen. Spüre, wie sie sich anfühlt. Spüre sie mit jedem Atemzug, während du dir selbst vertraust. Da tauchen dann natürlich alle möglichen anderen Fragen und Themen auf, und im Laufe des Spürens wirst du eine Menge Blockaden bemerken, aber sinke mit jedem Atemzug in dein eigenes tiefes Vertrauen zu dir selbst ein.

Frage 2: Was bedeutet es, ein Meister zu sein, wenn es um die persönlichen Beziehungen geht, die man hat. Ich meine damit nicht Klienten oder Studenten, sondern Teenager, Verwandte, Ex-Partner. Wie zeigt sich Meisterschaft, wenn man aufgrund solcher Beziehungen von jeder Menge Drama-Energien umgeben ist?

Saint-Germain: Das ist wirklich eine der größten Herausforderungen: Wie kannst du Meister sein, wenn du von anderen Menschen umgeben bist, vor allem von solchen, die dich auf so unterschiedliche Weise fordern?

Wenn du deine Wahl triffst, wie du zu Meisterschaft gelangen willst, und tief in das Vertrauen zu dir selbst eintauchst, werden Menschen in deiner Umwelt, die mit dir energetisch verbunden sind, eine Veränderung spüren. Viele von ihnen werden rebellieren und sich dagegen auflehnen, weil sie sich daran gewöhnt haben, dich anzuzapfen und Energie von dir zu »stehlen«. Sie werden sich aufführen und vielleicht noch mehr Drama inszenieren als je zuvor. Oder sie verhalten sich ganz interessant.

Nehmen wir an, du trennst dich energetisch von deinen Familienmitgliedern. Du weißt, dass es entscheidend ist, zuerst dir selbst zu dienen, also gibt es eine Phase, in der du dich von ihnen abkoppelst. Das heißt nicht, dass du deine Kinder nicht liebst oder dich nicht um sie kümmerst. Es geht nicht darum, dass du eigensüchtig wärst. Du erkennst lediglich, dass es jetzt wichtig ist, dich ins Gleichgewicht zu bringen. Was passiert dann?

Die Kinder spüren diese Abkoppelung auf einer bestimmten Ebene und reagieren mit extremen Dingen. Zwar unbewusst, aber durchaus in Zusammenhang mit dieser Abkoppelung verletzen sie sich, damit sie die Aufmerksamkeit und Liebe der Mutter bekommen. Um die Energie der Mutter zu erhalten, tun manche Kinder etwas sehr Dramatisches. Sie brechen sich vielleicht ein Bein, fügen sich eine tiefe Schnittwunde zu oder geraten in einen Autounfall. Leider gibt es solche Ereignisse, aber um wessen Energie geht es dabei? Um ihre oder um deine? Bewirkst du, dass solche Dinge geschehen, oder kreieren sie das? Und dann stellt sich die Frage, ob du dich in das Drama verwickeln lässt? Hörst du auf, zuerst dir selbst zu dienen und zu helfen, um in ihrem Drama eine Rolle zu spielen?

Ich weiß, das sind sehr schwierige Fragen. Denn in solchen Fällen werden gerade bei Eltern und Kindern oder zwischen Liebespartnern tiefste innere Themen berührt. Ihr fühlt euch unter Umständen eigensüchtig. Ihr denkt vielleicht, dass ihr die Menschen in eurem Umfeld im Stich lasst. Aber sind das wirklich eure eigenen Gefühle, oder werden sie von anderen auf euch projiziert?

Du bittest mich um meinen Rat. Ich mache jetzt eine sehr direkte und kühne Aussage: *Löst euch.* Löst euch von euren Familien. Sie sind meiner Ansicht nach karmische Zoos! Löst euch von euren Partnern, von euren Seelengefährten, von euren Kindern, von all diesen Menschen. Löst euch sogar von der Gruppe der erwachenden Menschen, die wir Shaumbra* nennen.

Jetzt bedarf es einer Erklärung, was mit Loslösung gemeint ist. Damit werden ja auch Themen wie Verlassenwerden und eine Menge anderer Dinge angesprochen.

Halt. Atmet tief durch. Vertraut euch selbst. Ihr lauft keinem Menschen weg. Ihr geht nicht von jemandem fort, ihr lasst keinen im Stich. Stattdessen integriert ihr euch selbst, werdet in euch ganz und unabhängig. Ihr erlaubt anderen Menschen einfach nicht mehr, eure Energie abzuzapfen – und ihr selbst habt es auch nicht nötig, ihre Energie abzusaugen.

Loslösen heißt nicht, dass ihr eure Sachen packt und aus dem Haus geht. Vielleicht werdet ihr das tun, aber ihr müsst es nicht tun. Es bedeutet auch nicht, die Beziehung abzubrechen. Es geht nur darum, euch aus den Fangarmen der alten Energie zu befreien, aus den Verstrickungen mit anderen Menschen, damit ihr zu dem souveränen Meister werden könnt, der ihr in Wahrheit seid. Ihr braucht euch nicht von der Energie anderer Leute zu nähren.

* Siehe Erklärung auf Seite 181.

Die Frage, die gerade gestellt wurde, ist eine sehr gute Frage und eine sehr schwierige. Ich möchte sie keineswegs als irgendwie trivial abtun. Aber früher oder später werdet ihr euch von allen um euch herum lösen müssen.

Was ist die reinste Beziehung von allen? Zuerst einmal die Beziehung zu euch selbst. Was ist die reinste Beziehung zu einem anderen Wesen, sei es ein Mensch oder ein engelhaftes Wesen? Die Beziehung von zwei vollständigen »Selbsten«, in der keine Bedürftigkeit herrscht, um derentwillen der eine den anderen braucht, um selbst vollständig zu werden. Der Versuch, das eigene Selbst durch ein anderes Wesen vollständig und ganz zu machen, wird immer scheitern und früher oder später wird die Beziehung auseinanderbrechen. Wenn jedoch zwei souveräne Wesen zusammenkommen, geht die Liebe, die sie miteinander teilen und zum Ausdruck bringen, ebenso wie die Freude, die sie erleben können, weit über das hinaus, was man in den alten Formen von Beziehung erleben kann. Danke.

Frage 3: Ich bin dem Tod sehr nahe gekommen, und jetzt versuche ich, wieder neu zu leben. Ich spüre, wie das Leben von allen Seiten auf mich zukommt, die Umstände sind sehr positiv und unterstützen mich sehr. Und doch fühle ich mich, als ließe ich all das nicht in mich hinein. Warum? Ich habe wirklich das sehr starke Gefühl, dass ich das Leben nicht einlasse.

Saint-Germain: Ja, was war das Erste, worüber wir heute gesprochen haben?

Fragesteller 3: Das Erste? Vertrauen.

Saint-Germain: Ja, in der Tat ging es um Vertrauen. Manchmal besteht da ein Widerwille, solche Lebensenergien einzulassen – ob sie sich nun als reine Energie zeigen oder in Gestalt anderer Menschen oder in Form von etwas anderem –, weil die Menschen das Vertrauen in sich selbst verlieren.

Du hast in deinem Leben übrigens eine Reihe von nahtodähnlichen Erfahrungen gemacht, nicht nur eine. Du hast Grenzerfahrungen gesucht – und zwar öfter, muss ich sagen – und hast auf diese Weise so etwas wie eine »spirituelle Hornhaut« entwickelt, die sich wie eine harte Schicht um dich legt. Die Ursache dafür ist ein Mangel an Vertrauen in dich selbst und ein Mangel an Vertrauen in andere. Einige Male in deinem Leben hast du dich auf andere verlassen und darauf, dass sie dich vor solchen gefährlichen Situationen schützen, und das haben sie nicht getan. Also hast du zugemacht – nicht nur, indem du ihnen nicht mehr vertraut hast, sondern auch, indem du dir selbst nicht mehr vertrautest –, und so hast du viele Aspekte deiner selbst weggeschlossen.

Und jetzt, wo du dich neu für das Leben entscheidest und spürst, wie die Energien einzuströmen versuchen, hast du immer noch diese Mauer um dich herum. Es ist Zeit, sie abzureißen, die Trümmer wegzuräumen und herauszukommen. Die Energien, die einströmen wollen, sind da, um dir zu helfen. Irgendwelche Energien, die dir schaden würden, können gar nicht hereinkommen – nicht, weil du so stark wärest oder weil du einen Schutz oder irgendwelche Barrieren aufgebaut hättest, sondern weil du das Leben gewählt hast. Weil du dich entschieden hast, ein Meister zu *sein*.

Ich empfehle dir deshalb, diese Mauern durch bewusstes Atmen und sogar durch Bäder aufzulösen und wieder zurück zum Vertrauen in dich selbst zu gelangen. Du bist weise und großartig, du bist ein Meister. Vertraue nun darauf, dass Dinge der höchsten Ordnung in dein Leben kommen.

Frage 4: Manchmal stelle ich fest, dass ich hin und her schwanke und mit mir ringe, ob ich mir selbst vertrauen oder handeln soll, indem ich eine Entscheidung treffe. Ich habe Vertrauen schon als Ausflucht benutzt, um keine Entscheidung treffen zu müssen, bis es nicht mehr anders ging. Kannst du etwas darüber sagen, wie man das besser begreift, und Vorschläge machen, wie man es sich in solchen Situationen leichter machen könnte?

Saint-Germain: Ich meine, du hast deine Frage bereits selbst beantwortet! Es stimmt, dass Menschen es oft als große Herausforderung empfinden, Entscheidungen zu treffen, bevor sie einer Situation völlig vertrauen. Das führt dann meist dazu, dass sie die Umstände intellektuell analysieren, und das wiederum führt zu einer Blockierung des Vertrauens mit der Folge, dass man keine Entscheidung trifft. Siehst du, wie das alles ineinandergreift?

Wisst ihr, was Vertrauen ist? Vertrauen bedeutet, in einen Teich zu springen, ohne sich Gedanken darüber zu machen, wie kalt oder wie tief das Wasser ist oder ob da unten irgendein Untier lauert. Das ist Vertrauen. Die gute Nachricht ist jedoch: Es ist euer eigener Teich. Falls es da drin irgendwelche Monster gibt, sind es eure eigenen. Falls jemand in den Teich gepinkelt haben sollte, könnt ihr das nur selbst gewesen sein. Und die Wassertemperatur ist die Temperatur eures eigenen Herzens.

Was habt ihr als erwachende Seelen zu verlieren? Springt in euren eigenen Teich. Vertraut euch selbst. Und dann seid kühn und mutig und unerschrocken und *trefft ein paar Entscheidungen*. Wähle einfach einige aus. Aber nicht von der Ebene der menschlichen Verzweiflung aus. Triff herrliche Entscheidungen: »Ich entscheide mich, ein großartiger Maler zu sein.« – »Ich werde Bücher schreiben.« – »Ich entscheide mich, glücklich zu sein.« Damit will ich sagen, dass die Wahl, die ihr trefft, von einer Grundlage der Freude und kreativen Schaffenskraft her erfolgen sollte, nicht aufgrund von Bedürftigkeit und Verzweiflung.

Fangt damit an, Entscheidungen zu treffen, und dann *steht euch nicht selbst im Weg*. Du hast dich selbst aktiviert, um die Energien ins Spiel zu bringen, mit denen etwas passieren kann. Du hast dich so eingestellt, dass stimmige, passende Energien einfließen können. Während sie das nun tun, solltest du beachten, dass alles wahrscheinlich noch viel großartiger wird, als du es dir ursprünglich gedacht hast oder es erschaffen wolltest. Und es wird vermutlich auch etwas ganz anderes dabei herauskommen, als du erwartet hast. An einer anderen Stelle weiter vorn haben wir gesagt: »Schränke das Ergebnis nicht ein.« Lass alle Erwartungen los, damit deine Entscheidungen, das, was du damit erschaffst, und deine Meisterschaft prächtig sein können.

Frage 5: Wie geht man mit dem um, was man liest. Nehmen wir an, ich lese alles ganz aufmerksam, manchmal gibt es Ideen, die mir den Atem verschlagen, und es gibt viele großartige Gedanken. Aber wie fange ich an? Womit beginne ich? Wie gebraucht man dieses Buch? Ich weiß, dass die Menschen, deren Kurse ich besuche, zur Meisterschaft gelangen können, und es gibt wunderbare große Meister in anderen Dimensionen, aber davon werde *ich* ja sicherlich nicht zum Meister. Wo fange ich also an?

Saint-Germain: Ausgezeichnet. Wo fängst du an? Wo immer du möchtest! Wichtig ist jedoch, dass du überhaupt *anfängst*. Ich möchte nicht übermäßig genau festlegen, wann und wie man beginnt. Das geschieht aufgrund des natürlichen Potenzials oder der Umstände für jeden Menschen ganz individuell. Irgendetwas taucht zum Beispiel auf, schon morgen, weil sich eine Gelegenheit ergibt, sobald die Frage »Wo soll ich anfangen?« gestellt wurde.

Erkennt zunächst einmal, dass sich die Gelegenheiten tatsächlich ergeben und euch ein Sprungbrett oder eine Chance zum »Abheben« bieten. Es spielt eigentlich keine Rolle, wo das ist und wie es geschieht. Es kommt nur darauf an, jetzt eine Wahl zu treffen und den Prozess zu beginnen.

Du könntest sagen, dass der Prozess schon angefangen hat, sobald du dich entschlossen hast, ein Meister beziehungsweise eine Meisterin zu sein. Der reine Entschluss, *darüber nachzudenken,* ein Meister zu sein, bietet den ganzen Raum, in dem du deine Entscheidungen treffen und deine Potenziale erkennen kannst. Wenn du aber wirklich entscheidest und sagst: »Ich bin bereit, ein Meister zu sein«, dann ist es egal, wo der Prozess beginnt. Er wird sich ganz natürlich, einfach und elegant auf seine Weise entfalten.

Das ist auch der Punkt, an dem der weise Lehrer und Meister kommt, aber dafür gibt es keine Formel. In diesem Buch gebe ich euch Hinweise, Leitlinien und Diskussionspunkte. Es spielt keine Rolle, ob ihr auf Seite 1 oder auf Seite 100 anfangt. Es kommt nur darauf an, dass ihr in die Energie eintaucht und ihr dann erlaubt, sich zu entfalten.

Frage 6: Welche Übungen könnte man zum Beispiel mit Klienten machen, damit sie die verschiedenen Aspekte und Schichten selbst entdecken?

Saint-Germain: Was kannst du für deine Klienten tun oder sogar auch für dich selbst, um all diese Schichten zu verstehen oder wahrzunehmen? Zunächst muss man erkennen, dass es viele Schichten gibt. Wenn du diesen Stein dort ansiehst und sagst: »Es ist nur ein Stein«, nun, dann siehst du nur eine Schicht. Du nimmst nur eine Schicht wahr.

Nehmen wir den Stein als Beispiel. Ein guter Anfang wäre, deine Klienten den Stein anschauen zu lassen und sie zu bitten, ihn zu definieren. Lass sie dann den Stein riechen. Du sagst: »Na ja, Steine riechen nicht, es sind einfach nur Steine!« Aha, Steine riechen aber sehr wohl, und dieser Duft kann die Wahrnehmung anderer Schichten und Ebenen auslösen – manche von euch nennen das sogar Aromatherapie. Lass sie den Stein berühren. Lass sie dem Stein zuhören. Es klingt vielleicht verrückt, aber Steine reden. Sie sprechen nicht englisch oder deutsch oder niederländisch, aber sie sprechen. Sie übermitteln Energie.

Sobald du deine Klienten oder dich selbst dazu gebracht hast, weitere Schichten auf der Ebene der menschlichen Sinneserfahrung zu entdecken, kannst du sie auch in andere Ebenen hineinspüren lassen. Damit überbrückst du eine große Kluft, denn du forderst sie auf, von dem, was man definieren kann, überzugehen in etwas, was man nicht definieren kann. Lass sie fühlen, was sonst noch in diesem Stein steckt. Ermuntere sie, ihre Vorstellungskraft einzusetzen.

In meinen Mysterienschulen der Vergangenheit habe ich den Schülern unter anderem beigebracht, wie sie buchstäblich einen Teil ihrer Energie um einen Stein oder ein anderes Objekt kreisen lassen können, um anschließend mit der Energie auch dort hineinzugehen und sich danach sogar vorzustellen, in die anderen Dimensionen um den Stein oder das Objekt herum zu gehen. Damit trainiert man die Vorstellungskraft.

Manche eurer Schüler werden an sich selbst zweifeln und zum Beispiel sagen: »Na, das ist ja verrückt, in diesem Stein sehe ich das Gesicht eines Menschen.« Offensichtlich ist kein menschliches Gesicht im Stein, aber vielleicht nehmen sie einen Menschen wahr, der vor Hunderten von Jahren diesen Stein angefasst hat. Fördert also die Vorstellungsfähigkeit eurer Schüler, helft ihnen zu erkennen, dass es viele Schichten und Ebenen gibt, und begreift selbst, *dass es keine falschen Antworten gibt.*

Durch diese Art des Erforschens werden sie entdecken, dass jedes Objekt, jede Sache viele Schichten und Ebenen hat, und es macht dann auch Spaß, sich auf diesen Ebenen zu bewegen und sie zu erkunden. Der Teppichboden unter euren Füßen hier hat nicht nur ein ziemlich geschmackloses Muster, sondern enthält auch die Energie von Tausenden und Abertausenden von Leuten, die früher in diesem Raum saßen. Ihre Energie ist mittlerweile Teil des energetischen Gewebes dieses Teppichbodens.

Öffnet euch jetzt einmal für die Gruppe von Menschen, die vor einer Woche hier war oder vor mehreren Wochen. Vor einem Jahr. Ihr merkt, dass auch deren Energie hier ist. Vielleicht spürt ihr, dass es ein ziemlich langweiliges Geschäftstreffen war. Vielleicht fühlt ihr, dass hier eine Art Motivationstraining für Verkäufer stattgefunden hat, und bekommt all die Oberflächlichkeit mit, die damit zusammenhängt, das ganze Getue. All das ist hier.

Es ist wirklich interessant festzustellen, dass es – solange ihr euch selbst vertraut – keine falschen Antworten gibt. Ihr könnt euch nicht nur auf die Energie dieses Teppichbodens einstimmen und auf die Gruppe, die hier vor einer Woche getagt hat, sondern ihr könnt diese Energie auch einsetzen, um auf multidimensionale Weise irgendwo anders hinzureisen. Ihr seht, dass ihr an jedem beliebigen Punkt ansetzen könnt, bei jedem sichtbaren und greifbaren Objekt, und dass ihr dies dann benutzen könnt, um durch Zeit und Raum zu reisen.

Frage 7: Ich bemerke heftige körperliche Reaktionen in meiner derzeitigen Beziehung. Ich habe auch Schwierigkeiten, Liebe auszudrücken und zu empfangen. Ich hätte für meine Situation gern etwas mehr Klarheit. Danke.

Saint-Germain: Gern. Auf einer sehr einfachen, grundlegenden Ebene hängen die Themen, die in deiner Liebesbeziehung auftauchen, mit der Liebe zusammen, die du für dich selbst und dein Leben empfindest. Du hast die Liebe in dir selbst blockiert. Wenn du zurückkehrst zum vollständigen Vertrauen in dich selbst, kannst du gar nicht anders, als dich selbst zu lieben. Wenn du dich wieder neu für Vertrauen öffnest, entdeckst du neue Teile beziehungsweise Aspekte deiner selbst – und sogar auch alte –, die blockiert sind, und dann kannst du nicht anders, als dich selbst zu lieben und zu akzeptieren. Wenn du an dem Punkt angekommen bist, wo du dich wahrhaft selbst liebst, hab keine Angst, dich selbst zu umarmen. Scheue dich nicht, dich selbst zu bewundern. Hab keine Angst, dir selbst Ehre zu erweisen für das, was du tust. Liebe dich auf jede nur erdenkliche Weise.

Du warst lange Zeit in einem Muster der Selbst-Geringschätzung und Selbst-Vernachlässigung gefangen, und jetzt ist es entscheidend, dass du dich selbst liebst. Beziehungen sind nebensächlich. Sie kommen schon ganz von selbst in Ordnung, wenn du dich erst einmal selbst liebst. Wenn du dich allerdings nicht selbst liebst, wird dir das in deinen äußeren Beziehungen widergespiegelt. Der Versuch, die äußeren Beziehungen in Ordnung zu bringen, ohne sich selbst zu lieben, ist immer zum Scheitern verurteilt. Das wird nur sehr kurzfristig klappen.

Frage 8: Hast du Ideen oder Vorschläge, wie man kleinen Kindern Meisterschaft beibringen kann, zum Beispiel Vier- bis Zwölfjährigen?

Saint-Germain: Dieses Buch ist so aufgebaut, dass auch ganz junge Menschen etwas damit anfangen können. Unter Umständen müssen die, die das Buch nutzen, um anderen etwas beizubringen, manche Dinge altersgemäß ausdrücken und interpretieren. Aber das Material ist für die Jungen wie für diejenigen, die nicht mehr so jung sind, gleichermaßen geeignet.

Frage 9: Ich spüre seit anderthalb Jahren einen großen Druck in meiner Kehle. Es tut sogar körperlich weh. Meine Zunge wird irgendwie nach oben gedrückt. Ich frage mich, ob du mir helfen kannst, das alles besser zu verstehen?

Saint-Germain: Zunächst einmal möchte ich dich fragen: Was verursacht diesen Druck?

Fragesteller 9: Ich hatte gehofft, *du* könntest mir das sagen, weil ich mir nicht sicher bin. Ich denke, es hat etwas damit zu tun, dass ich in meine Kraft komme.

Saint-Germain: In welcher Weise kommst du in deine Kraft? Durch welche Aktivitäten?

Fragesteller 9: Ich meine, es hat mit Kommunikation zu tun, aber das kann ich einem Ort in mir eigentlich gar nicht zuordnen. Ich weiß es nicht.

Saint-Germain: Doch, du *weißt* es. Du tust nur so, als ob du es nicht wüsstest. Immerhin beantwortest du deine eigenen Fragen ja fast genau so, wie ich es tun würde. Es geht um Kommunikation. Zunächst ist wesentlich, dass du deine eigene Stimme findest, dass du in ihre Kraft hineingehst und nicht die Stimme anderer benutzt. Anders ausgedrückt: dass du deine Ideen aussprichst, dass du mitteilst und kommunizierst, was du selbst weißt, anstatt zu wiederholen, was du von jemand anderem gehörst hast. Es geht darum, dass du aus deinem Wesen und von deiner Essenz aus sprichst und das durch dich hindurch lässt. Und das ist ja bereits in dir vorhanden. Du lässt es einfach noch nicht herauskommen.

Wenn du zulässt, dass das durch dich nach außen dringt, dann kannst du auch öffentlich sprechen oder singen. Dann kannst du auch Gespräche mit einem Gegenüber führen. All das ist eigentlich keine komplizierte Angelegenheit. Die Energie war blockiert und möchte nun frei werden und hervortreten. Wenn du dort (am Hals) Blockaden hast, dann bedeutet das einfach nur, dass du eine enorme Fähigkeit besitzt, dich über die Stimme und in der Kommunikation auszudrücken. Lass es also durchkommen. Denk nicht so viel darüber nach, sondern tu es einfach. Sag ja!

Frage 10: Ich würde gerne mehr darüber wissen, wie man maskuline und feminine Energien integriert. Was können wir dafür tun und kannst du uns mehr Hinweise dazu geben? Danke.

Saint-Germain: Du stellst eine hervorragende Frage im Hinblick auf die Integration deiner eigenen männlichen und weiblichen Aspekte. Dies sind zwei Energien, die seit langer Zeit voneinander getrennt waren – seit sich Energie selbst in die Dualität aufgespalten hat. Zur selben Zeit, als sich Energie in die Elemente Licht und Dunkel, negativ und positiv, und so weiter aufgespaltet hat, entstand auch die Dualität männlich und weiblich. Und das war Teil der »Zusammensetzung« sowohl der Wesen auf der Engelseite des Schleiers als auch der Wesen auf der menschlichen Seite. Wenn ihr in menschlicher Form auftretet, nehmt ihr im Allgemeinen entweder eine sehr markante männliche oder aber weibliche Form des Ausdrucks an.

Es ist Zeit, dass diese Energien wieder zusammenkommen, und das hat ganz viel mit Liebe und Selbstannahme zu tun. Ihr braucht diese Wunde nicht länger mit euch herumzutragen, dieses Gefühl des Versagens, das Gefühl, jemanden im Stich gelassen zu haben. Ihr müsst nicht mehr die ursprüngliche maskuline Energie von Adam in euch tragen, das Gefühl, dass ihr die ursprüngliche weibliche Energie verteidigen und schützen müsstet – die dadurch doch nur verdeckt und versteckt würde. In der Neuen Energie wird all das wieder zusammenkommen.

Atmen ist dabei sehr wichtig. Einfach zu begreifen und anzunehmen, dass ihr sowohl männlich als auch weiblich seid, ist ebenfalls ein sehr wichtiger Aspekt. Und zu erkennen, dass sich diese beiden Energien wiedervereinigen wollen, ist gleichfalls von Bedeutung. Das müsst ihr gar nicht forcieren, denn sie haben sich jetzt *entschieden* sich wiederzuvereinigen. Es kommt jetzt nur darauf an, diesen Prozess einfach zuzulassen

Frage 11: Meine Frage betrifft Fülle. Es hört sich wie ein Widerspruch an, was du darüber gesagt hast, dass man einen Bediensteten hat – jemanden, der sich tatsächlich um einen kümmert und dabei doch selbstständig und unabhängig bleibt. Das ist für mich ein Widerspruch, und ich frage mich, ob ich nicht in alte Muster zurückfalle, indem ich mich nicht um mich selbst kümmere, sondern lieber jemanden suche, der das für mich erledigt?

Saint-Germain: Du musst genauer sein. Worum geht es dir bei dieser Frage wirklich? Wir begreifen, dass du einen Widerspruch spürst, aber was genau möchtest du wissen? Geht es um Fülle? Oder um Dienen?

Fragesteller 11: Ich erschaffe Fülle durch jemand anderen. Na ja, jemand anderes beschafft mir eine Menge Geld, damit ich nicht …

Saint-Germain: Ich bitte dich, an dieser Stelle innezuhalten. *Du* kreierst Fülle. Direkt oder indirekt – das ist gleich. Wenn du mit jemand anderem zusammen bist, der Fülle hat, hast du dazu beigetragen, dir diesen Umstand zu erschaffen, sodass du nun selber Fülle hast. Ein Teil des Widerspruchs oder der Verleugnung besteht darin, dass du sagst, du hättest keine Fülle, sondern ein anderer hätte sie. Du hast sehr viel Fülle, wenn du dich dafür entscheidest. Du gibst die Kraft an jemand anderen ab, wenn du sagst, dass nicht du es warst, der diese wunderbaren Umstände kreiert hat.

Fragesteller 11: Willst du damit sagen, dass ich meine Kraft weggebe?

Saint-Germain: Ich werde mich ganz einfach ausdrücken, damit es jeder versteht: Gibt es in deinem Leben Fülle?

Fragesteller 11: Ja.

Saint-Germain: Ende der Debatte! Du hast sie erschaffen. Du suchst so intensiv, du versuchst alles »überzuanalysieren«. Gibt es in deinem Leben Fülle?

Fragesteller 11: Yeah.

Saint-Germain: Du hast sie kreiert ... oder habe ich das für dich getan?

Fragesteller 11: Nein, vermutlich habe ich es gemacht.

Saint-Germain: Vermutlich! Das ist genau das, was wir meinen, wenn wir davon sprechen, dass die Dinge auf elegante Weise einfach sind. Du versuchst, alles zu kompliziert zu machen. *Du hast die Fülle kreiert.* Falls du jedoch feststellst, dass es da ein Problem gibt und dass damit irgendwelche Verpflichtungen oder Haken verbunden sind – emotionale Manipulation oder andere Formen von Bedingungen –, dann ist das etwas anderes.

Fragesteller 11: Nein, die gibt es nicht mehr. Die waren anfangs vorhanden, aber ich denke, dass das jetzt vorbei ist.

Saint-Germain: Du bist ein brillanter Schöpfer. Ich bewundere dich!

Frage 12: Kannst du uns bitte etwas über das Geschäft sagen, das mein Mann und ich gestartet haben. Warum scheint es damit nicht voranzugehen?

Saint-Germain: Da spielen verschiedene Faktoren eine Rolle. Ihr seid beide etwas ängstlich, ihr macht euch ein bisschen zu viel Sorgen um das ganze Geschäft. Es steht viel auf dem Spiel. Ihr setzt viel von euch auf unterschiedliche Weise für die Firma ein, und deshalb habt ihr Angst, dass es ein Fehlschlag wird. Diese Angst vor einem Fehlschlag bewirkt überhaupt erst die Möglichkeit eines Versagens oder begrenzt zumindest den Erfolg.

Ihr seid brillante Schöpfer, aber manchmal kreiert ihr Dinge, die ihr eigentlich gar nicht wollt. Ihr erzeugt mehr von dem, was ihr die negative Seite nennen könntet, als euch auf die positiven Seiten zu konzentrieren. Schaut euch das also genau an und kümmert euch um eure Ängste, weil so viel auf dem Spiel steht. Nicht nur euer Geld und eure harte Arbeit, sondern auch euer Ruf, euer guter Name, und solche Dinge. Seht euch diese Angst an und fragt euch, ob ihr sie selbst gewählt habt. Fragt euch, ob sie wirklich zu euch gehört, und fragt auch, ob ihr dieser Angst gehören wollt. Falls nicht, lasst sie los.

Wir kommen hier wieder auf das gesamte Konzept zurück, was es bedeutet, ein Meister zu sein: *Es ist Zeit, euch selbst zu vertrauen.* Vertraut dem, was ihr tut, und lasst jeden Gedanken daran, was dabei herauskommen könnte, los. Häufig gibt es, besonders bei solchen Dingen wie dem Start eines Geschäfts, die Erwartung, dass man einen bestimmten Umsatz oder eine gewisse Zahl von Kunden hat. Wenn ihr das aufgebt und der Erfahrung einfach gestattet, sich zu entfalten, werdet ihr so viel mehr Gaben in dem entdecken, was ihr tut. Vielleicht sieht das dann nicht so sehr nach Erfolg aus, aber es passieren viele andere Dinge, und sie werden zu einem Teil des Prozesses.

Ich rate euch, bewusst durch diesen Prozess hindurchzuatmen. Wenn man ein Geschäft startet, wenn man als Schöpfer wirkt, fordert das immer zentrale Lebensthemen heraus, und hier sehen wir vor allem, dass die Angst vor dem Fehlschlag das wichtigste Thema ist.

Frage 13: Du hast vorhin einmal über Krafteinsatz im Unterschied zu Flow, zum Fließen von Energien, gesprochen. Meine Frage bezieht sich auf innere Kraft. Einerseits spüre ich eine sehr starke innere Kraft, die mich auffordert, meine Leidenschaft zu leben, was immer das auch sein mag. Andererseits fühle ich auch den Flow, der sagt: »Okay, es wird schon kommen, wenn es eben kommt.« Das ist ein bisschen wie ein innerer Ringkampf, und ich hätte da gern mehr Klarheit.

Saint-Germain: Es gibt einen Unterschied zwischen Krafteinsatz beziehungsweise Stärke und Begehren beziehungsweise Sehnsucht. Sehnsucht ist lebendig, sie beruht auf Leidenschaft, sie trägt ein Gefühl der Öffnung und Ausdehnung in sich. Kraft oder Stärke ist auf der anderen Seite eine Energie, die etwas fordert. Sie fordert bestimmte Dinge, ein bestimmtes Resultat. Sie fordert, dass Dinge auf eine ganz bestimmte Weise geschehen. Sie pusht und forciert, damit etwas Bestimmtes passiert.

Ich mache also auf den Unterschied aufmerksam zwischen deiner Leidenschaft und deinem Verlangen, deinen Entscheidungen, die sich dann auswirken, und dem Versuch, Dinge zu forcieren, sie mit aller Macht durchzusetzen. Wenn du feststellst, dass du alles pushen musst, um etwas zu manifestieren, dass alles harte Arbeit ist, dann schau noch mal genau hin: Wie lässt du die Energie in deine Passionen und Wünsche einfließen und wie sehr bist du deinen Leidenschaften und Sehnsüchten treu? Wir wissen, dass es sich dabei um eine feine Nuance handelt, aber begreifst du den Unterschied?

Fragesteller 13: Ja. Ich weiß, dass es nicht um Kraftanwendung geht. Es geht um Sehnsucht, und ich spüre, dass sie wirklich da ist. Auf der anderen Seite ist es, als sage mir etwas: »Okay, warte einfach ab, es kommt schon.« Es ist irgendwie wie ein inneres Ringen. Wie geht man damit um?

Saint-Germain: Das ist eine sehr schwierige Sache, und genau darum geht es ja bei Meisterschaft. Es ist entscheidend zu fühlen, wie Verlangen und Leidenschaft auftauchen, und obwohl sie stark sind, muss es doch nicht unbedingt die Art von Kampfkraft sein, über die ich vorhin sprach. Starke Leidenschaft und Sehnsucht tauchen also auf und dann gilt es, eine Entscheidung zu treffen. Möchtest du das weiterverfolgen, möchtest du das verwirklichen?

Die Energie wird außerhalb von dir und wenig greifbar bleiben, bis du dich bewusst entschieden hast, deine Leidenschaft zum Ausdruck zu bringen. Wenn du diese Wahl triffst und ihr erlaubst, sich zu manifestieren, wird sie ohne viel Anstrengung in dein Leben fließen. Und während sie in dich einfließt, wenn du dich dafür entscheidest, wird sie ganz natürlich die Energien anziehen, die diesen Flow fördern. Ich weiß, dass dies eine ganz subtile Nuance ist. Für jetzt aber würde ich sagen, dass es am wichtigsten ist, diese vertrauensvolle Entscheidung zu treffen und die Frage zu beantworten: Bin ich wirklich bereit, meine Sehnsucht in diese Wirklichkeit zu bringen?

Frage 14: Wie ist das mit Teenagern und jungen Erwachsenen? Wie kommt es, dass sie anscheinend alle möglichen Talente haben und doch so festgefahren wirken – so, als kämen sie mit dieser Energie nicht vorwärts?

Saint-Germain: Die Energie, um die es hier geht, kann sehr schwierig sein, wie du weißt. Es ist eine Energie des Übergangs, und meistens warten die Jugendlichen darauf, dass sich diese Energien ein bisschen legen, bevor sie hineinspringen. Sie spüren den Übergang von einer Energie, die schwingt und vibriert, zu einer neuen, expansiven Energie. Die jungen Leute wollen sich nun nicht selbst damit irritieren, dass sie ihre Arbeit in einer Schwingungsenergie beginnen und ihre Talente in dieser Energie zum Ausdruck bringen. Sie warten lieber, bis die expansive Energie besser geerdet ist. Sie sind ja hier, um mit dieser expansiven Energie zu wirken, und deshalb muss man sie da auch gar nicht drängen. Ich weiß, dass sie selbst manchmal ganz frustriert sind. Hilf ihnen also einfach zu begreifen, auch mit diesem Buch, durch welche Prozesse sie gehen. Das bedeutet auch, alles zu akzeptieren, was ist. Akzeptiere, dass sie auf einer bestimmten Ebene selbst am besten wissen, warum sie abwarten.

Frage 15: Ich versuche schon so lange, meine Arbeit voranzubringen, aber, na ja, es hat bisher nicht geklappt. Ich meine, dass ich mich schon vor langer Zeit entschieden habe, genau das zu tun. Was hindert es denn nun daran, auch auf der Erde zu landen? Warum ist es so schwierig, die Frage zu beantworten: »Was machst du?«

Saint-Germain: Nun, was machst du?

Fragesteller 15: Na, ich habe damit angefangen, Musikern beizubringen, wie sie körperliche Probleme oder

Beschwerden überwinden können, indem sie ihren Körper mehr spüren, indem sie mehr Körperbewusstheit bekommen. Und jetzt versuche ich, das auch Menschen beizubringen, die keine Musiker sind. Ich habe aber nie eine nette, kleine Story, um zu erklären, was ich mache. In den Kursen, vor der Klasse, ist alles sehr angenehm, und ich habe keine Probleme, darüber zu sprechen. Aber meine Arbeit sichtbar zu machen und damit meinen Lebensunterhalt zu verdienen – das funktioniert nicht. Das hat sich sogar beim Logo bemerkbar gemacht, das ich vor drei Jahren entworfen habe. Ich habe Bekannte gebeten, mir bei den technischen Dingen zu helfen, also dabei, das Logo in den Computer einzugeben. Entweder haben sie die Arbeit abgebrochen oder sie waren gar nicht daran interessiert oder sie haben mir gesagt, ich solle ein anderes Design machen, weil sich meines nicht gut drucken ließe. Ich dachte bisher, dass etwas mit der Technik nicht stimmt, aber inzwischen frage ich mich, ob etwas mit der Energie nicht stimmt?

Saint-Germain: Genau darum geht es. Wenn Schöpfer etwas kreieren, dann geschieht das im Allgemeinen zunächst auf den äußeren ätherischen Ebenen, die man manchmal auch kristalline Reiche nennt. Schöpfung beginnt nicht hier in der irdischen Dimension. In der Nacht reist du »nach draußen«, du bedienst dich solcher Dinge wie der Talente aus früheren Leben, der Erfahrungen aus diesem Leben und gehst in das, was wir jetzt einmal die »kristalline Küche« nennen wollen. Als brillanter Schöpfer, der du bist, mischst du die Zutaten. An diesem Punkt setzt das Verlangen ein, hier in der menschlichen Realität zu wachsen, weil du weißt oder zumindest spürst, dass du diese wundervolle Schöpfung zusammenfügst. Dann fängst du an, sie auf die Erde zu bringen, du bringst die Ideen, die Essenz, das Konzept auf die Erde. Die Energie der Liebe und die Energie der Kreation hast du dann bereits hineingesteckt.

Aber dann passiert etwas Merkwürdiges. Die Schöpfer, die ihre Kreation in diese Realität bringen, neigen dazu, sie kontrollieren zu wollen. Sie haben meistens sehr klar definierte Vorstellungen und Erwartungen im Hinblick auf den Erfolg ihrer Schöpfung. Sie haben sehr stark festgelegte Ideen, wie alles funktionieren sollte, wer damit zu tun haben sollte, wie groß es werden sollte, wie oft es passieren sollte, und so weiter. Damit kommen sämtliche menschlichen Macht- und Kontrollthemen hoch.

Du bist ein wunderbarer Schöpfer – aber ein noch besserer Kontrolleur. Das ist ein Aspekt deiner selbst, über den du hier etwas lernen sollst, und einer der Gründe, warum du hierhergekommen bist: um zu lernen, all diese Kontrollwünsche loszulassen. Was passiert, wenn du etwas kontrollierst? Es blockiert den Flow, den Energiefluss. Es verringert die Ausdrucksmöglichkeiten deiner Schöpfung. Das Traurige daran ist, dass du – weil du alles so sehr kontrolliert hast – derart festgelegte Vorstellungen davon hast, wie es sein sollte. Damit hast du zugleich das größere Bild, die größere Schöpfung darin gehindert, in diese Wirklichkeit einzufließen. Du hast die Pipeline so sehr kontrolliert und so eng gemacht, dass einfach nicht alle Informationen in diese Realität gelangen können. Du erstickst deine eigene Kreation, siehst du? Es ist eine herrliche Schöpfung. Ich wünschte, es wäre meine gewesen. Aber da gibt es einige Aspekte, die bisher noch nicht einmal auf die Erde gelangen konnten.

Lass jetzt mal die ganze Idee los. Lass sie einfach los – und wir sagen und meinen nicht »ein kleines bisschen« oder ein »mittleres bisschen«. Lass sie ganz los, vollständig. Sie ist immer noch deine Idee, du hast sie immer noch geboren. Aber lass sie nun auf eine neue und andere Weise zu dir kommen, damit sie dir in einem neuen Licht und auf andere Weise sinnvoll erscheint. Vielleicht wird sie sogar gebündelt und der Welt auf eine ganz andere Weise präsentiert.

Sei stolz auf deine Kreation und freu dich darüber, aber kontrolliere sie nicht so stark.

Fragesteller 15: Werde ich in der Lage sein, mir damit meinen Lebensunterhalt zu verdienen, sobald ich aus dieser Situation herauskomme?

Saint-Germain: Ich bitte dich, selbst diesen Kontrollaspekt aufzugeben. Ich weiß, dass der menschliche Anteil in dir das wirklich wissen will, aber es würde dich und deine Schöpfung nur begrenzen, wenn du diese finanzielle Voraussetzung oder diese Forderung da mit hineinbringen würdest.

Ich will es mal so sagen: Du wirst in der Lage sein, deinen Lebensunterhalt zu verdienen. Nun, willst du deine Kreation auch verwirklichen? Müssen sich die beiden denn zusammen verwirklichen? Möchtest du, dass sie eins sind? Begrenze dich nicht, versuche nicht auf der Grundlage deiner irdischen Bedürfnisse Meister zu sein. Die menschlichen Bedürfnisse werden erfüllt. So viele haben das schon erlebt. Sobald sie einmal davon abgelassen hatten, sich auf die irdischen Bedürfnisse zu konzentrieren und stattdessen an ihrem schöpferischen Ausdruck gearbeitet haben, wurden ihre menschlichen Bedürfnisse wie von selbst erfüllt. Wer weiß schon, woher das Geld kommt? Es ist einfach da. Wenn du deine Leidenschaft lebst – was du mit diesem Tun leicht kannst –, erledigt sich der Rest wie von selbst.

Fang noch einmal ganz von vorn an. Geh zurück in die kristallinen Reiche, in deine kristalline Küche. Rühr noch etwas mehr im Topf, heize etwas mehr ein, rieche den Duft deiner Schöpfung, komm dann zur Erde zurück und fasse den Entschluss, sie hier zu verwirklichen. Und dann erlaube deiner Kreation, auf ihre eigene Weise hier zu erscheinen, auf deine höhere Weise.

Frage 16: Ich wusste, was die Leidenschaft meines Lebens war, als ich noch ein kleines Kind war. Aber jetzt scheine ich mich für ein Leben entschieden zu haben, das mir viele Steine in den Weg gelegt und mich daran gehindert hat, meiner Sehnsucht, meiner Leidenschaft zu folgen. Jetzt bin ich in einer Lage, wo ich akute Ohren- und Kopfschmerzen habe, die wahrscheinlich mit meiner Unfähigkeit zusammenhängen, in meine Leidenschaft hineinzuspringen. Kannst du bitte darüber etwas sagen? Ich habe es nämlich satt.

Saint-Germain: Eine ausgezeichnete Frage, da sie für alle Menschen gilt, die sich im Prozess des Erwachens befinden. Jeder von euch ist mit Seelenverlangen und Leidenschaft auf vielen verschiedenen Ebenen in dieses Leben gekommen. Erinnert euch an das, was ich gesagt habe: Alles hat viele Facetten – und das gilt auch für die Leidenschaften der Seele. Ihr könnt die Sehnsucht eurer Seele von vielen unterschiedlichen Perspektiven aus betrachten und viele verschiedene Elemente darin finden. Als ihr jung wart, habt ihr eine bestimmte Facette oder einen gewissen Aspekt eurer Seelenleidenschaft gespürt und erfahren. Das hat euch geprägt, jeden Teil von euch. Also seid ihr dem weiter gefolgt und habt es als Traum aufrechterhalten. Es gibt aber noch andere Aspekte dieser Seelensehnsucht, die ihr vielleicht noch nicht entdeckt habt, und jetzt wäre eine wundervolle Zeit dafür.

Wie man das macht? Achte einfach auf deine Gefühle. Was möchtest du am liebsten tun? Was macht dir wirklich Freude? Was erfüllt dich? Wer die Leidenschaften seiner Seele erforscht, sollte in diese Überlegungen auf keinen Fall andere Leute oder Gemeinschaften oder Länder oder die Welt oder den ganzen Planeten einbeziehen. Das führt häufig zu einer falschen Motivation.

Wenn jemand sagt: »Ich möchte dies oder jenes tun, weil ich damit die Welt rette« – also, es tut mir leid, aber dann hat derjenige zu wenig Mitgefühl und ist in die alte

Märtyrerenergie zurückgefallen. Der größte Dienst, den ihr der Welt erweisen könnt, besteht darin, ihr selbst zu sein.

Ich wiederhole: *Der größte Dienst, den ihr der Welt erweisen könnt, besteht darin, ihr selbst zu sein.*

Wenn du nun also deine Seelenleidenschaft betrachtest, ist es wichtig zu erkennen, dass sie sich in der Zeit, seit du klein warst, verändert hat. Sie hat sich enorm verändert, auch aufgrund der Zeit, in der du jetzt lebst, diesem Zeitalter einer Neuen Energie. Das Juwel der ursprünglichen Sehnsucht und Leidenschaft ist zwar noch vorhanden, aber jetzt schaust du eine andere Facette an.

Die Kopfschmerzen und die anderen körperlichen Beschwerden gehen übrigens sehr bald vorüber. Dein Körper manifestiert nur dieses Gefühl festzustecken. Wie ich vorhin schon sagte: Jedes Mal, wenn ihr körperliche Beschwerden habt, spürt hinein und erforscht sie. Nehmt sie an, fühlt sie. Sie sind aus einem bestimmten Grund vorhanden und versuchen, euch etwas zu sagen – vielleicht, dass es an der Zeit ist, bestimmte Blockaden aufzulösen. Ihr werdet feststellen, dass sie vergehen, und sie treten so lange nicht auf, wie ihr euch um eure neue Seelenpassion, um eure neue Leidenschaft kümmert.

Frage 17: Ich möchte eine Frage über meine Ehe stellen. Es ist eine sehr schwierige Ehe. Mein Mann weiß noch nicht einmal, dass ich hier bei diesem Treffen bin. Viele Jahre habe ich mich in meiner Ehe und mit meiner Familie und meinen Kindern sicher und gut aufgehoben gefühlt, aber seit fast zwei Jahren spüre ich, dass da auch noch etwas anderes in mir ist – aber ich weiß nicht, was. Ich weiß nicht, wie ich es anstellen soll herauszufinden, was in mir ist. Ich suche danach, wer ich bin. Ich suche mich selbst.

Saint-Germain: Das stimmt und dafür wirst du bewundert. Nicht viele Menschen suchen sich selbst. Bitte fahre fort.

Fragestellerin 17: Ja, ich bin daran gewöhnt, immer wieder die alten Dinge zu tun, weil sie sich vertraut anfühlen. Aber jetzt spüre ich, dass ich etwas anderes, etwas Neues tun muss. Dass ich neue Erfahrungen machen muss. Aber ich weiß nicht, wie. Ich weiß nicht, in welche Richtung ich gehen soll.

Saint-Germain: Das Problem hat nichts mit der Beziehung oder mit deiner Familie zu tun. Es ist nur eine Art und Weise, wie du dir deine eigene Problematik bewusst machst. Ich empfehle dir, nach Möglichkeit einen eigenen Platz zu finden, wo du mindestens drei Monate lang, besser noch sechs Monate lang wohnen kannst. Du kannst deiner Familie erklären, wie sehr du sie liebst und dich um sie kümmern möchtest, dass du aber jetzt dieses Bedürfnis verspürst, einmal deinen ganz eigenen Raum zu haben.

Suche nun aber nicht nach Gründen, warum das finanziell oder aus einem anderen Grund nicht geht, weil du dir damit nur irgendwelche Ausflüchte zurechtlegen würdest. Deine Seele schreit ganz verzweifelt auf, dass du deinen eigenen Platz brauchst, einen sicheren Ort, an dem du aufblühen kannst. In deiner ätherischen Energie baut sich im Moment ein Druck auf, der sich bald in deiner physischen Energie zeigen wird. Dieser Druck weist dich darauf hin, dass du aufblühen musst, dass du dich öffnen musst – aber du hast nicht das Gefühl, dass du das an dem Ort, wo du jetzt bist, auch wirklich tun könntest. Bei Freunden oder Verwandten einzuziehen, würde dich auch nicht weiterbringen. Du brauchst deinen eigenen Raum.

Sobald du den hast, wirst du genau erkennen, was zu tun ist, wie du Zeit mit dir und für dich selbst verbringen kannst – und das hast du dir übrigens sehr verdient. Du wirst eine ganz andere Sicht auf die Beziehung zu deiner Familie und zu dir selbst gewinnen. Ich möchte aber ganz klar betonen, dass dies etwas ist, was du für dich selbst tun musst, damit nicht später physische Reaktionen oder Energieblockaden im Körper auftauchen, die eine Art von Ungleichgewicht verursachen, mit dem du nur viel schwieriger fertig würdest. Es ist wirklich wichtig, dass du deinen eigenen Raum hast. Bestehe darauf.

Fragestellerin 17: In der Nacht habe ich große Angst, allein zu sein und etwas allein zu machen, weil ich so daran gewöhnt bin, dass mein Mann bei mir ist und ich jemanden habe, bei dem ich mich sicher fühle. Aber …

Saint-Germain: Sicher und wie erstickt.

Fragestellerin 17: Ja. Aber ich habe wirklich auch das Gefühl, dass ich meinen eigenen Platz möchte, wo ich für mich sein kann.

Saint-Germain: Ja, an deinem Platz wirst du das finden. Eine Zeit lang wirst du mit einigen deiner Ängste konfrontiert werden, aber das ist nicht weiter schlimm. Du wirst große Freude erleben, wenn du diese Zeit ganz für dich genießen und eigene Dinge tun kannst: Musik hören, lesen, einfach still dasitzen oder etwas anderes tun, was du dir bisher selbst noch nicht zugestanden hast. Du hast anderen Menschen gedient, und jetzt ist es Zeit, die Energie hereinzulassen und dir selbst zu dienen.

Und wir wollen hier ganz direkt und bestimmt sagen: *Mach keine Kompromisse.* Geh nicht nur den halben Weg. Das ist wesentlich. Denk daran, dass es hier nicht um deine Familie geht, sondern um dich. Du nimmst Schwierigkeiten mit deiner Familie wahr und denkst, es handle sich dabei um die Familie, aber in Wahrheit kommen die Probleme von dir, weil du selbst dich meldest und um Aufmerksamkeit bettelst.

Fragestellerin 17: Meine Tochter wird in knapp zwei Monaten ein Baby bekommen und dann bin ich zum ersten Mal Oma. Das geht mir auch im Kopf herum. Ich weiß, dass ich Zeit für mich brauche, aber ich bin auch sehr neugierig auf das neue Leben, das neue Kind.

Saint-Germain: Natürlich, tausche dich weiter aus und sei weiter ein Teil deiner Familie, aber geh am Abend immer wieder in deinen eigenen Raum zurück. Wach am Morgen in deinem eigenen Raum auf. Selbstverständlich kommt dein Enkelkind zu dir zum Spielen und um mit dir all die anderen Sachen zu erleben – aber du brauchst auch deinen eigenen Raum. Wie ich gesagt habe: Du bist wie eine Blume, die bereit ist zu erblühen, aber unter deinen jetzigen Umständen kannst du nicht so erblühen, wie du es bräuchtest.

So, wie wir dieses Treffen begonnen haben, wollen wir es auch beschließen: mit dem Vertrauen in das Selbst. Mit dem schlichten, mitfühlenden und vollständigen Vertrauen in euch selbst. Das ist der Weg der Meister der Neuen Energie.

❦ Ich bin ein Meister, und du bist es auch.

Was ist Channeling?

Channeling ist eine natürliche Form der Kommunikation zwischen Menschen und Engelwesen, Lichtgestalten aus anderen Dimensionen, aufgestiegenen Meistern und so fort, ja sogar zwischen Menschen und Tieren. Ein Channel ähnelt einem Übersetzer oder Simultandolmetscher. Man öffnet sich, um die Kommunikation zu erspüren und zu erfassen und überträgt sie in menschliche Worte, damit man die Kommunikation selbst versteht oder für andere Menschen begreiflich macht.

Ein Channel kann sich entscheiden, wen oder was er channelt. Wenn und solange der andere geistige Teil bereit ist zu kommunizieren, kann die Verbindung aufgenommen werden und das Channeling beginnen. Viele Menschen channeln zum Beispiel Erzengel Michael. Wenn er einwilligt, mit dem Channel zu kommunizieren, beginnt der Fluss der nonverbalen Kommunikation.

Der Channel empfängt die Information auf einer intuitiven Ebene, und dann überträgt der Geist die »Rohinformation« in Worte. Entgegen dem, was viele vielleicht meinen, verwenden Geistwesen im Allgemeinen keine menschliche Sprache, weil sie diese als zu dürftig und schwerfällig betrachten. Die reiche Essenz ihrer Botschaften wird über eine erlesene Reihe von Sinnesempfindungen übermittelt.

Ein anderer weitverbreiteter Irrtum ist, dass ein Channel in einen tiefen Trancezustand fallen oder seinen Körper dem Geistwesen überlassen muss. Channeling hat jedoch große Ähnlichkeit mit anderen Formen der Kommunikation, seien sie verbal, über die Körpersprache, den Geruchssinn oder über Kunst. Sie übermitteln alle eine Botschaft, und diese Botschaft hängt auch vom Verständnis dessen ab, der sie empfängt. Die bekanntesten heute lebenden Channel, wie Lee Carroll, der Kryon channelt, Steve Rother (Die Gruppe) und Ronna Herman (Erzengel Michael) sind bewusste Channel. Sie nehmen sich und was sich im Raum um sie herum abspielt bewusst wahr, während sie channeln. Sie richten ihre Sinneswahrnehmung und ihre Aufmerksamkeit auf das Geistwesen, das sie channeln und interpretieren beziehungsweise übersetzen und übermitteln dann die Botschaft. Heutige Channel verlassen ihren Körper meistens nicht und überlassen auch nicht während des Channel-Vorgangs ihr Bewusstsein, ihren Geist und ihren Verstand dem jeweiligen Geistwesen, das sie channeln.

Im Prinzip kann sich mehr als ein Mensch auf die Energie eines Geistwesens einstellen, und deshalb gibt es oft mehrere, die ein und dasselbe Geistwesen channeln. Im Allgemeinen gibt es aber jeweils nur einen, der als »Botschafter« des Geistwesens fungiert, wie zum Beispiel Jane Roberts für Seth oder, in unserem Fall, wir für Adamus Saint-Germain.

Haustiere zu channeln ist eine der einfachsten Formen des Channelns. Haustiere verwenden ja keine menschliche Sprache, aber sie haben den starken Wunsch, mit

Menschen zu kommunizieren. Lösen Sie sich einfach von der Vorstellung, dass Sie Worte zu hören bekommen, und gestatten Sie sich, Ihr Haustier zu »spüren«. In dem Maße, in dem Sie sich für diese Gefühle öffnen, wird Ihr Geist diesen Gefühlen ganz natürlich Worte oder Sätze beiordnen, sodass Ihr menschliches Bewusstsein die Kommunikation besser verstehen kann. Wenn Sie von sich aus mit Ihrem Haustier kommunizieren möchten, sollten Sie das Bedürfnis ablegen, Worte dafür zu benutzen. Lassen Sie stattdessen zu, dass sich Ihre Gefühle öffnen und zu Ihrem Haustier fließen. Anfangs ist es vielleicht hilfreich, sich Bilder vorzustellen oder etwas zu visualisieren, wenn Sie auf diese Weise mit Ihren Haustieren kommunizieren. Wenn Sie dann mehr Vertrauen in diesen Prozess entwickeln und geübter im Channeln mit Ihrem Haustier werden, wird die Information rasch und leicht fließen, und Sie werden dann noch nicht einmal mehr das Bedürfnis haben, Bilder oder Visualisierungen zu benutzen.

Manche Menschen haben Scheu oder Angst vor Channelings, weil sie den Vorgang nicht verstehen oder befürchten, ein negatives oder dunkles Geistwesen könne hereinkommen. Der Channel hat jedoch immer die Wahl und kann frei darüber entscheiden, wen oder was er channeln möchte, genau wie jeder frei wählen kann, wen er als Freunde oder Geschäftspartner haben möchte. Der Channel kann darauf bestehen, den Namen und die Herkunft aller Geistwesen oder Engel zu erfahren, die mit ihm kommunizieren möchten. Erfahrene Channel wissen, dass die Tatsache, dass ein Geistwesen mit ihnen kommunizieren möchte, nicht notwendigerweise auch bedeutet, dass dieses Wesen erleuchtet ist. Der Channel soll in der Lage sein, selbstständig einzuschätzen, welchen Grad an Erleuchtung ein Geistwesen hat und welchen Wert die Informationen besitzen, die von diesem Geistwesen kommen. Manche Geistwesen plaudern einfach nur gern, andere verfolgen eigene Absichten, und es gibt auch viele Geistwesen, die vorurteilsfrei, aufgeklärt und sozusagen erleuchtete Führung und Ratschläge übermitteln möchten.

Graf Saint Germain

»Er war vielleicht einer der bedeutendsten Philosophen, der je gelebt hatte. Ein Freund der Menschheit, der Geld nur dann schätzte, wenn er es Armen geben konnte, ein Freund der Tiere. Sein Herz sorgte sich nur um das Glück der anderen.«*

Soweit ein Zitat, das dem Landgrafen Prinz Karl von Hessen-Kassel zugeschrieben wird. Und die berühmte Madame Helena Petrowna Blavatsky, Mitbegründerin der Theosophie, schrieb über Saint Germain: »Der Graf von St. Germain war sicherlich der größte orientalische Adept, den Europa in den letzten Jahrhunderten gesehen hat.«**

Saint Germain gilt als Mystiker und Philosoph, als spiritueller Meister und weiser Weltenlenker, der auch in politische Entwicklungen eingegriffen und u.a. versucht haben soll, die französische Monarchie vor der Revolution zu bewahren.

* Zitat aus: *The Count of Saint Germain* von Isabel Cooper-Oakley, ISBN 0-7661-0101-0; ohne Jahresangabe, erschienen bei »Kessinger Rare Mystical Reprints«; S. 1 (Übersetzung WvR)

** Zitat aus Cooper-Oakley, a.a.O.; S. 1 (Übersetzung WvR)

Manche meinen, er habe viele Jahrhunderte lang gelebt (und lebte vielleicht noch heute), ausgestattet mit dem Elixier der ewigen Jugend oder einem anderen Wundermittel, das ewiges Leben beschert. Andere sind der Ansicht, dass es sich bei Saint Germain nicht um eine reale historische Persönlichkeit handelt – gleich, wie langlebig sie sein möge –, sondern um ein hohes Geistwesen, das sich hin und wieder in scheinbar physischer Gestalt manifestiert, um Geheimwissen weiterzugeben und wichtige Menschheitsentwicklungen anzustoßen.

Wer aber war der Graf von Saint Germain (oft auch »St. Germain« geschrieben, in diesem Buch mit Channelbotschaften sonst auch Adamus Saint-Germain) nun wirklich? Bewiesen werden kann da wohl nur wenig. Über seine Identität und Herkunft gibt es weit voneinander abweichende Ansichten. Hier zunächst die gängigsten Meinungen, im zweiten Abschnitt dieses kleinen Kapitels dann die Informationen, wie sie Adamus Saint-Germain durch Geoffrey Hoppe gechannelt hat.

Offensichtlich ist der Graf Saint Germain unter verschiedenen Namen aufgetreten. Dazu gehören die Bezeichnungen Graf Welldone, Signor Algarotti, Monsieur Montreffat, Comte Audar bzw. Aymar de Betmar.

Sein Geburtsjahr ist unbekannt, auch wenn ein Zeitzeuge das Jahr 1710 nennt. Es gibt die Behauptung und einen entsprechenden Eintrag im Kirchenbuch, dass er 1784 in Eckernförde im heutigen Schleswig-Holstein gestorben sein soll. Im Sterberegister Nr. 12 wurde damals verzeichnet: »Am 27. Februar 1784 verstorben und am 2. März begraben. Der sich so nennende Graf von Saint Germain und Welldone, weitere Nachrichten sind nicht bekannt geworden, in hiesiger Kirche still beigesetzt.« Manche esoterischen Forscher meinen jedoch, dass dies nur ein »gespielter Tod« gewesen sein soll, damit der Graf Saint Germain danach unerkannt weiterwirken konnte.

Schon vielen Zeitgenossen, aber vor allem den Nachfahren, galt er als ein Abenteurer und Okkultist, dem im Verlaufe der Jahrhunderte, je weiter das letzte belegte Auftreten zurücklag, immer mehr Kräfte zugeschrieben wurden. Sicher war Saint Germain Vermittler von regierenden Fürsten und deshalb bisweilen auch als ein »Geheimagent« unterwegs, als den ihn manche Politiker seiner Zeit verdächtigten bzw. schätzten. Er hat tatsächlich als Alchemist gearbeitet, wie wir später noch sehen werden. Und sogar Musikkompositionen von ihm sind überliefert. Saint Germain war also nicht nur ein geheimnisumwobener politischer Akteur und ein forschender Wissenschaftler, sondern auch ein talentierter Künstler. All das dokumentieren zahlreiche schriftliche Aufzeichnungen von seinen Förderern.

Legenden, die sich um ihn ranken, sind vielleicht sogar bewusst von ihm selbst geschaffen worden. Ein Eintrag bei Wikipedia meint zwar, »die erste gesicherte Nachricht von einem Grafen von Saint Germain« stamme aus Briefen des englischen Staatmanns Sir Robert Walpole von 1745. Das ist jedoch nicht zutreffend. Denn es gibt noch ältere Zeugnisse, die Isabel Cooper-Okaley in ihrem Buch »Count of Saint Germain« anführt (siehe Fußnote S.156). Saint Germain reiste offensichtlich viel im Europa der damaligen Zeit herum: Er tritt in England, den Niederlanden, in Russland, Österreich, Deutschland, Italien und Frankreich auf.

Nachweislich ließ König Ludwig VX. im Schlosspark von Versailles im Trianon-Schlösschen für Saint Germain ein Alchemistenlabor einrichten. 1758 stellte er Saint Germain Räume im Loireschloss Chambord zur Verfügung, wo dieser unter anderem an neuen Methoden für die Textilfärberei experimentierte.

Manche Zeitgenossen berichten, dass der Graf auch in Chemie bzw. Pharmazie bewandert gewesen sei und über ein Wundermittel verfügt haben soll, das bei Damen das Altern aufhielt und den bezeichnenden Namen *Aqua benedetta* trug, das »segensreiche Wasser«. Er wurde dadurch sehr beliebt, nutzte dies jedoch nicht zur Geschäftemacherei aus, wie Graf Saint Germain ohnehin – ganz anders als andere Okkultisten oder Möchtegern-Alchemisten – offenbar niemals Geld aus seinen Künsten und Fertigkeiten geschlagen hat. Vielmehr schien er über nie versiegende eigene Geldquellen zu verfügen.

Eine absolut verlässliche Übersicht über seine Reisen und Aufenthalte gibt es zwar nicht, aber einige Daten kann man immerhin doch mit einiger Sicherheit nennen.

1745/48 ist Saint Germain am Wiener Hof, 1758 ist er in Frankreich. Die Hofdame der Madame Pompadour, der Mätresse von König Ludwig XV, beschreibt ihn etwa als 50jährigen. Das äußerst Merkwürdige ist, dass durch die gesamte Zeit seiner Auftritte in den verschiedenen Ländern und Jahrzehnten der Graf Saint Germain *immer* wie ein Fünfzigjähriger wirkt. Schon etwa um 1756 schätzt ihn Madame du Hausset, eine Hofdame der Pompadour, auf etwa 50. Sicher auch daraus leitet sich die Vermutung ab, dass er im Besitz eines geheimen Verjüngungsmittels gewesen sei.

1758 komponierte Saint- Germain Werke für Violine, so zum Beispiel »Seven Solos For A Violin«, erschienen im Verlag J. Johnson in London.

In jener Zeit wurde Saint Germain offensichtlich auch als Geheimvermittler zwischen diversen kriegführenden Parteien in England, Österreich, Preußen und Russland tätig. 1760 geht er im Auftrage Ludwig XV. nach Den Haag und arrangiert einen völlig überraschenden Frieden zwischen Preußen und Österreich.

Im gleichen Jahr gibt er ein Violinkonzert in London. 1766/69 unternimmt er angeblich seine zweite Indienreise.

Mindestens seit 1774 hielt sich Graf Saint Germain immer wieder einmal am Hof des Markgrafen Karl Alexander von Ansbach auf. Auf dessen Schloss Triesdorf experimentierte er, so wird überliefert, mit diversen Farbstoffen. Nachweislich spielte er auch in zahlreichen Freimaurerzirkeln eine wichtige Rolle. Die erwähnte Autorin Cooper-Oakley zitiert etliche Briefe über seine Tätigkeit, vor allem im heutigen Österreich. Im Reich der Habsburger öffnete ihm sein vertraulicher Umgang mit Männern aus Freimaurerkreisen (und wohl auch mit Rosenkreuzern) den Zugang zu höchsten Stellen und Amtsvertretern, zum Hochadel und auch in den Regierungsapparat des Kaiserreichs. Saint Germain gewann nachweislich Zutritt zu und Gehör bei hochgestellten Persönlichkeiten und hat wohl auch hier seine Möglichkeiten genutzt, sich eine jeweils etwas andere persönliche »Legende« zuzulegen. 1776 wurde er in Hamburg gesehen.

Wohl von 1778 an zählte Saint Germain zum Freundeskreis des Landgrafen Karl von Hessen-Kassel, des Statthalters des dänischen Königs in Schleswig (das damals dänisch war). Der Landgraf war von Alchemie und Freimaurerei begeistert und fand in Saint Germain einen herausragenden Lehrer. Auf seinem Sommerschloss in Louisenlund richtete er Saint Germain ein Alchemistenlabor ein. Im nahe gelegenen Eckernförde gründeten beide eine Seidenfärberei.

Laut Kirchenbucheintrag, wie oben schon erwähnt, starb der Graf Saint Germain am 27. Februar 1784 in Eckernförde. Er wurde in St. Nicolai begraben – sein Grabstein fiel einer Sturmflut zum Opfer und auch die Lage des Grabs unter dem Boden der Kirche lässt sich heute nicht mehr lokalisieren.

Andere Quellen sprechen allerdings davon, dass der Tod Saint Germains, wie ebenfalls erwähnt, nur vorgetäuscht war und er ihn als Vorwand benutzte, um zu verschwinden und mit einer neuen Identität weiterzuwirken.

Zu seiner Herkunft kursieren zahlreiche widersprüchliche Mutmaßungen. So meinen manche, er sei ein Sohn des Fürsten Franz II. Rakoczi aus Transsylvanien gewesen, der von 1676 bis 1735 lebte und sich gegen den Habsburger Kaiser aufgelehnt hatte, weshalb seine Familie entmachtet wurde und große Teile ihres Vermögens verloren hatte. Das ist eine unter Esoterikern und Freimaurern auch heute noch beliebte Hypothese.

Genauso wahrscheinlich (oder auch unwahrscheinlich) ist eine zweite Hypothese: Saint Germain war demnach Sohn der letzten spanischen Habsburgerkönigin Maria Anna von Pfalz-Neuburg, die von 1667 bis 1740 lebte, und des jüdischen Bankiers Comte Adanero aus Madrid, den sie zu ihrem Finanzminister machte. Der französische Außenminister Herzog von Choiseul machte laut Oakley eine Andeutung in dieser Richtung. Als Variante dazu war nicht der Madrider Bankier der Vater, sondern Jean Thomas Enriquez de Cabrera, Herzog von Rioseco, Herrscher von Kastilien, der umfangreichen Besitz in Sizilien sein Eigen nannte.

Die französische Mätresse Ludwigs XV., Madame Pompadour, meinte indes, dass Saint Germain ein unehelicher Sohn des Königs von Portugal war.

Der bekannte italienische Herzensbrecher Casanova, ein Zeitgenosse des Grafen Saint Germain, verbreitete, dieser sei ein italienischer Geigenspieler namens Catalani gewesen. Immerhin komponierte der Graf ja und spielte selbst auch verschiedene Instrumente.

Dazu eine Zwischenbemerkung: Das einzig wohl authentische Bild von Graf Saint Germain, das erhalten und bekannt ist, stammt aus dem Nachlass der Marquise d'Urfé. Der berühmt-berüchtigte Charmeur und Abenteurer Casanova und der Graf Saint Germain stehen in Paris offensichtlich eine Zeit lang in Konkurrenz zueinander bei dieser Dame. Beide buhlen vermutlich um Einfluss auf die reiche Witwe Madame d'Urfé. Casanova gab zu, dass er es auf ihr Geld abgesehen hatte. Die Motive von Saint Germain bleiben Casanova hingegen ein Rätsel, da dieser gar nicht an ihrem Geld interessiert ist.

Zurück zu einer letzten Hypothese über die Herkunft des Saint Germain. Ein Minister des Markgrafen von Baden meinte, Saint Germain stamme aus Italien und sei der Sohn eines Steuereinnehmers aus San Germano in Piemont gewesen und um 1710 geboren. Damit sollte wohl der piemontesische Akzent erklärt werden, der Saint Germain in seinem Gebrauch der französischen Sprache zugeschrieben wurde.

Wir müssen offenlassen, welche dieser Varianten (eine kleine Auswahl aus sehr viel mehr Hypothesen, die zum Thema der Herkunft des Grafen umlaufen!) zutreffend ist oder ob es nicht vielleicht ein völlig andere, eben noch unbekannte Wahrheit gibt.

Die Spiritistin und Begründerin der »Theosophie«, Madame Helena Petrowna Blavatsky, die wir am Anfang dieses Abschnitts zitiert haben, hielt Saint Germain für einen der geheimen tibetischen Weisen. Ihre amerikanische Schülerin Isabel Cooper-Oakley betrieb intensive Archiv-Studien und berichtete, dass Saint Germain bis nach Persien und Indien gereist wäre und die Weisheitslehren des Ostens studiert hätte. Im Zusammenhang mit seinen tatsächlichen oder vorgeblichen Indienreisen entstand auch die Vermutung, dass der Graf Sanskrit beherrscht hätte.

Offensichtlich, so berichten es Zeitgenossen, die ihm persönlich begegnet sind, war Saint Germain jedoch tatsächlich vieler Sprachen kundig – er soll italienisch, deutsch, spanisch, portugiesisch, französisch und englisch gesprochen haben und fähig gewesen sein, einige »tote Sprachen« lesen zu können, so lateinisch, griechisch, vielleicht auch hebräisch.

So oder so war Saint Germain eine bewunderte und geheimnisumwitterte Persönlichkeit seiner Zeit. Dem schillernden italienischen Hochstapler Cagliostro, der sich als Alchemist, Wunderheiler und Geheimniskrämer aufspielte, war vermutlich auch deshalb sehr daran gelegen, als Schüler des Grafen Saint Germains zu gelten. Auch der Arzt und okkulte Forscher Franz Anton Mesmer, Begründer des Mesmerismus und Magnetismus bzw. der »Bio-Energie«, soll ein Schüler von Graf Saint Germain gewesen sein.

Saint Germain empfahl gerne einen Tee aus Senna-Blättern, die damals aus Äthiopien bzw. Arabien eingeführt wurden und eine abführende Wirkung haben. Der Tee ist noch im 19. Jahrhundert in Deutschland und Dänemark als »Saint Germain Tee« bekannt gewesen. Ob diesem Tee die verblüffenden Verjüngungswirkungen zugeschrieben werden müssen oder doch eher dem geheimnisvollen *Aqua benedetta* oder ganz anderen Faktoren, wird vermutlich Saint Germains Geheimnis bleiben.

Saint Germain war nicht nur Komponist, sondern soll auch ein guter Maler gewesen sein, der selbst auch Bilder von Meistern sammelte. Aufmerksamkeit unter Malern seiner Zeit erregte Saint Germain durch neuartige Farbmischtechniken, die allseits bewundert wurden und wohl seinen Forschungen über Farben in diversen Alchemisten-Labors entsprangen.

Von Voltaire gibt es einen Brief an Friedrich den Großen vom 15. April 1760, worin er wohl eher ironisch anmerkt, Saint Germain sei »ein Mann, der niemals stirbt und alles weiß«. Damit greift Voltaire das auf und fasst zusammen, was über Saint Germain schon zu Lebzeiten im Umlauf war. Der französische Dichter nennt Saint Germain im Brief an den Preußenkönig dann aber auch einen »Graf zum Lachen«, einen *comte pour rire*.

Die Überlieferung (oder Legende), dass Saint Germain nie altern würde, bewirkt, dass ihn viele Menschen sogar noch weit bis ins 19. Jahrhundert gesehen haben wollen, so nachzulesen zum Beispiel in den Memoiren von Comtesse de Genlis 1825. Und der französische Staatspräsident und Kaiser Napoleon III., der von 1808 bis 1873 lebte (also nach dem Tode Saint Germains laut Eckernförder Kirchenbucheintrag), hat angeblich ein detailliertes Dossier über Saint Germain zusammenstellen lassen. Ein Hinweis, wie sehr der Graf auch seine Nachwelt faszinierte, bis in unsere Zeit. Leider ist das Dossier Napoleons III. verschollen.

Übrigens: Den Alchemisten und Okkultisten, Geheimagenten und Mystiker, Weisen und Künstler Graf Saint

Germain dürfen wir keinesfalls mit seinen Zeitgenossen, dem französischen General und Minister Claude Louis de Saint Germain verwechseln, und auch nicht mit dem Okkultisten Robert-Francois Quesnay de Saint Germain.

Der wahre Graf Saint Germain – eine vielschichtige, komplexe, vielleicht schillernde, auf jeden Fall rätselhafte Gestalt, soweit es die meist lückenhaften und teils widersprüchlichen historischen Dokumente erkennen lassen.

Zum Schluss ein Zitat des italienischen Schriftstellers, Frauenhelds und Abenteurers Giacomo Casanova über Saint Germain, der ja durchaus in Konkurrenz zu Saint Germain stand im Ansinnen, das Wohlwollen reicher und mächtiger Herrscherhäuser und Einzelner zu erringen:

»Er gab sich in jeder Hinsicht als Wunderknabe. Er wollte verblüffen und verblüffte auch tatsächlich. Er hatte eine entschiedene Art zu sprechen, die jedoch nicht missfiel, denn er war gelehrt, sprach fließend alle Sprachen, war sehr musikalisch, ein großer Kenner der Chemie, besaß angenehme Züge und verstand es, sich bei allen Frauen beliebt zu machen.«

Doch nun zur Selbstauskunft von Saint Germain, übermittelt durch Geoffrey und Linda Hoppe.

Adamus Saint-Germain*

Adamus Saint-Germain ist der Professor, Meister und Lehrer des Crimson Council**, der durch Geoffrey Hoppe Botschaften der Neuen Energien und Studienkurse übermittelt.

Über diese faszinierende und auch rätselhafte Gestalt der Geschichte ist im Laufe der Jahre viel erzählt und geschrieben worden. Adamus ist ein bemerkenswertes Wesen, das sich in vielen Lebenszeiten manifestierte und in zahlreichen Abenteuern auf der Erde eine Reihe unterschiedlicher Persönlichkeiten verkörpert hat. In seinem

* Zur Erinnerung: Die Informationen über Saint-Germain in diesem Abschnitt entsprechen unverfälscht den Informationen, die Geoffrey und Linda Hoppe in den Channelings von ihm selbst bekommen haben, während die zuvor gegebenen Hinweise in etwa den Stand der historischen Forschung widerspiegeln.

** *Crimson Council* (»Karmesinroter Rat«) bezeichnet eine Engel-Gruppe bzw. einen Engel-Orden. Er befasst sich speziell mit dem Thema, anderen als spiritueller Lehrer der Neuen Energie zur Seite zu stehen. *Crimson Circle* (»Karmesinroter Kreis«): Menschen, die sich gerade auf der spirituellen Reise befinden, über die in den Tobias-Texten gesprochen wird, und die sich darauf vorbereiten, andere Menschen auf deren Reise zu begleiten und zu unterstützen. Der *Crimson Circle* ist der irdische Teil des *Crimson Council*. Siehe auch Seite 179.

Leben als Graf von Saint Germain wurde er als Sohn eines jüdisch portugiesischen Vaters und einer Mutter aus königlich spanischem Geblüt in einer Gegend geboren, die heute zu Spanien gehört. Zu Beginn seiner Reisen durch Europa beschloss er, sich Graf von Saint Germain zu nennen. Er beriet Könige und andere Mitglieder von Herrscherhäusern und wurde als bedeutender Alchemist bekannt – und als jemand, der Energien zu bewegen weiß. Heutzutage zieht er es vor, »Professor Adamus« genannt zu werden.

Adamus Saint-Germain ist hier, um die spirituellen Lehrer der Neuen Energie auszubilden. Er erinnert alle, die ihm zuhören wollen, daran, dass die Kunst und das Wesen der Bewegung von Energien reine Physik ist. Er ist hier, um der Menschheit zu helfen beim Übergang von der alten Energie der Gewalt und des Kraftaufwands zur Neuen Energie, die sich öffnet und ausdehnt und die leicht zugänglich ist.

Adamus Saint-Germain tritt häufig in den Workshops und Ausbildungskursen des Crimson Circle überall auf der Welt auf. Wichtiger als all seine vielen Titel und Identitäten ist, dass Professor Adamus die Weisheit, die Leidenschaft und die schöpferische Kraft eines wahren Lehrers verkörpert.

Die Autoren werden immer wieder gefragt, woher der »Vorname« Adamus stammt, da Saint-Germain in den historischen Schriften immer nur ohne einen Vornamen erwähnt wird. Sie haben sich diese Frage direkt von Saint-Germain beantworten lassen: Er sagte: »Ich habe diesen

Namen gewählt, um die Verbindung zur ursprünglichen Energie des ersten Menschen, Adam, zum Ausdruck zu bringen.«

Saint-Germain hat sich diesen Vornamen demnach also selbst gegeben.

Zwölf Zeichen des Erwachens

Geoffrey Hoppe hat mit Unterstützung durch den aufgestiegenen Meister Tobias (der uns im *Buch Tobit* im Alten Testament begegnet) zwölf »Zeichen des Erwachens« definiert. Das sind zwölf deutliche Anzeichen einer spirituellen Bewusstseinsveränderung und -erweiterung. Wenn diese Anzeichen auftreten, ist das laut Hoppe und Tobias ein gutes Signal dafür, dass nicht etwa etwas »schiefläuft« im Leben, sondern dass der betreffende Mensch vor einem geistigen Durchbruch steht. Hilfreich und wichtig ist der Hinweis, dass jedes dieser Anzeichen auch wieder vergeht.

1. Körperbeschwerden, besonders an Nacken, Schultern und Rücken.

Das ist oft eine Folge intensiver, tief greifender Veränderungen bis auf die Ebene der Gene, während der Same des »Christus-Bewusstseins« im Menschen aufkeimt. Auch das geht vorüber.

2. Das Gefühl einer tiefen inneren Trauer ohne äußeren Anlass.

Sie lassen Ihre Vergangenheit los, aus diesem und aus früheren Leben, und das erzeugt das Gefühl von Trauer.

Das ist, als würden Sie aus einem Haus, in dem Sie viele, viele Jahre gelebt haben, ausziehen, um nun in einem neuen Haus zu wohnen. So gern Sie in das neue Haus einziehen, spüren Sie doch auch eine gewisse Trauer, weil Sie die Erinnerungen, Energien und Erfahrungen des alten Hauses hinter sich lassen müssen. Auch das geht vorüber.

3. Ohne Grund weinen.
Das ist ähnlich wie beim vorherigen Phänomen. Es ist gut und gesund, die Tränen fließen zu lassen. Damit wird alte Energie gelöst. Auch das geht vorüber.

4. Unerwartete berufliche Veränderung.
Das ist ein sehr häufiges Symptom. Da Sie sich verändern, werden sich auch die Dinge um Sie herum verändern. Machen Sie sich keine Sorgen, wenn Sie nicht unbedingt sofort den »perfekten« Job finden. Auch das geht vorüber. Sie befinden sich in einer Übergangsphase und wechseln den Arbeitsplatz vielleicht mehrmals, bevor Sie etwas finden, das Ihren wirklichen Neigungen entspricht.

5. Rückzug aus Familienbeziehungen.
Sie sind mit Ihrer biologischen Familie über altes Karma verbunden. Wenn Sie aus dem karmischen Kreislauf »aussteigen«, werden die alten Karma-Verbindungen zur biologischen Familie gelöst (nicht notwendigerweise die liebevollen Beziehungen!). Es scheint, als entfernten Sie sich von Ihrer Familie und Ihren Freunden. Auch das

geht vorüber. Nach einer gewissen Zeit entwickeln Sie unter Umständen eine neue Beziehung zu ihnen, wenn das stimmig ist. Dann wird diese Beziehung jedoch auf der Neuen Energie beruhen und ohne karmische Verstrickungen sein.

6. Ungewöhnliche Schlafmuster.
Viele Menschen wachen in diesem Stadium des Erwachens regelmäßig zwischen zwei Uhr und vier Uhr morgens auf. Da läuft viel innere Arbeit ab, und das Aufwachen verschafft Ihnen eine Verschnaufpause. Machen Sie sich darüber keine Sorgen! Wenn Sie nicht wieder einschlafen können, stehen Sie einfach auf und tun Sie irgendetwas. Das ist besser, als im Bett zu liegen, über alle möglichen Aspekte des menschlichen Lebens nachzugrübeln und sich Sorgen zu machen. Auch das geht vorüber.

7. Intensive Träume.
Dazu zählen sogenannte Albträume, Kriegs- und Schlachtenträume. Sie befreien sich buchstäblich von alter Energie, die sich oft in kriegerischen Szenen, Fluchtszenarien oder dunklen Gestalten symbolisch manifestiert. Auch das geht vorüber.

8. Physische Desorientierung.
Manchmal haben Sie das Gefühl, nicht mit beiden Beinen auf dem Boden zu stehen. Sie fühlen sich von der Räumlichkeit um Sie herum irgendwie herausgefordert oder als ob Sie sich zwischen zwei Welten bewegten.

Während sich Ihr Bewusstsein bereits auf die Neue Energie einstellt und den Übergang vollzieht, hinkt Ihr Körper manchmal noch nach. Verbringen Sie dann mehr Zeit in der Natur, um Ihre innere Energie besser zu erden. Auch das geht vorüber.

9. Vermehrte Selbstgespräche.
Sie werden feststellen, dass Sie häufiger mit Ihrem Selbst sprechen. Sie werden zum Beispiel plötzlich bemerken, dass Sie sich in der letzten halben Stunde mit sich selbst unterhalten haben. In Ihrem Wesen findet eine neue Art der Kommunikation und Verbindung zu anderen Ebenen statt. Selbstgespräche sind die ersten Anzeichen dieser Entwicklung. Diese Unterhaltungen werden zunehmen, sie werden flüssiger, geläufiger, sinnvoller werden. Sie werden nicht verrückt, sondern sind einfach dabei zu erwachen und in die Neue Energie zu gehen.

10. Gefühl der Einsamkeit, auch wenn andere Menschen da sind.
Sie fühlen sich vielleicht allein und von anderen wie abgetrennt. Sie meiden Gruppen oder Menschenmengen. Als erwachender Mensch und geistiger Lehrer gehen Sie einen heiligen und einsamen Weg.

Sosehr Sie sich über diese Gefühle der Einsamkeit Sorgen machen, so schwer fällt es Ihnen, mit anderen darüber zu sprechen. Sie fühlen sich auch deshalb wie verlassen, weil sich Ihre bisherigen geistigen Führer verabschiedet haben. Sie haben Sie zeitlebens auf Ihren Reisen begleitet. Nun war es aber Zeit, dass sie sich zurückgezogen haben, damit Sie Ihren Raum mit Ihrer eigenen Göttlichkeit ausfüllen können. Auch das geht vorüber. Dieses »Vakuum« wird von der Liebe und Kraft des inneren Christus-Bewusstseins ausgefüllt.

11. Mangel an Antriebskraft.
Man spürt keine Lust mehr, irgendetwas anzupacken. Sie fühlen sich ohne jede Leidenschaft für irgendetwas. Das ist jetzt auch in Ordnung so und gehört ebenfalls zum Prozess des Erwachens. Nutzen Sie diese Zeit, um einmal »nichts zu tun«. Kämpfen Sie nicht gegen sich selbst an, weil auch das vorübergeht. Es ist wie beim Installieren eines neuen Computerprogramms. Man muss kurzzeitig abschalten, um die neue, fortgeschrittene Software zu laden, oder in diesem Fall, um die Neue Energie des Christus-Bewusstseins zu erkennen und dann durch sich hindurchfließen zu lassen.

12. Eine große Sehnsucht, »nach Hause« zu gehen.
Das ist möglicherweise die schwierigste Herausforderung. Sie erleben vielleicht ein drängendes, schier überwältigendes Verlangen, den Planeten zu verlassen und nach Hause zurückzukehren. Das sind keine »Selbstmordabsichten«. Sie machen auch keine große Sache daraus, denn es beruht nicht auf Wut oder Frustriertheit. In Ihnen ist lediglich ein stiller, ruhiger Teil, der heim möchte. Die Ursache dafür ist ganz einfach. Sie haben Ihren karmischen Kreislauf abgeschlossen. Sie haben Ihren »Vertrag« für diese Lebensspanne erfüllt. Sie sind bereit, ein neues Leben zu beginnen, während Sie noch in diesem physischen

Körper sind. In dieser Phase des Übergangs erinnern Sie sich tief im Innern, wie es ist, auf der anderen Seite zu sein. Sind Sie bereit, für einen weiteren Einsatz hier auf der Erde? Sind Sie bereit, die Herausforderungen anzunehmen, die mit dem Übergang in die Neue Energie verbunden sind? Ja, Sie könnten auch jetzt gleich nach Hause zurückkehren.

Sie sind aber schon so weit gekommen, und nach den vielen, vielen Lebenszeiten wäre es wirklich schade, aufzuhören und aus dem Kino zu gehen, bevor der Film zu Ende ist. Außerdem braucht der Spirit Sie hier, um anderen beim Übergang in die Neue Energie zu helfen. Diese Menschen brauchen Menschen als Begleiter, um den Übergang zu vollziehen, diese Reise von der alten in die Neue Energie, die Sie schon hinter sich haben.

Aber der Pfad, auf dem Sie jetzt weitergehen, bietet Ihnen die Erfahrungen, die Sie brauchen, um in der neuen Zeit zum Begleiter von Menschen zu werden, die dabei sind zu erwachen, um zum Lehrer des neuen göttlichen Menschen befähigt zu werden. So einsam und dunkel diese Reise manchmal auch sein mag: Sie sind niemals allein.

Anhang

Entstehung des Crimson Circle

Der »aufgestiegene Meister« Tobias teilte einmal in einem Channeling einer Gruppe mit, dass ihre »Geistführer« dabei seien, sie zu verlassen. Seine Botschaft schockierte damals viele der Anwesenden, aber auf eine liebevolle und sanfte Weise erläuterte Tobias, dass es für die Menschen nun an der Zeit sei, selbst die Verantwortung für ihre eigene Göttlichkeit zu übernehmen. Er sagte, nun sei die Zeit gekommen, wirkliche »Engel auf Erden« zu werden, und dass wir durch das Freigeben unserer bisherigen Helfer – und der meisten unserer alten Glaubensvorstellungen und Rituale – nun beginnen können, unsere eigene Göttlichkeit anzunehmen und zu verwirklichen.

Der »Crimson Circle« ist eine Gruppe von Menschen, die mit unter den ersten sind, die sich in die Neue Energie begeben, damit sie diesen Pfad ganz persönlich kennenlernen und diese Erfahrungen später an andere weitergeben können.

Anfang 2000 schaltete der Crimson Circle seine US-Internet-Webseite (www.crimsoncircle.com) frei, auf welcher alle Lektionen von Tobias in Text- oder Audioversion kostenlos zur Verfügung stehen. Diese Webseite wird jeden Monat von über 300 000 Menschen aus der ganzen Welt besucht. Zusammenkünfte werden meist live über das Internet übertragen. Tobias bezeichnet die Treffen als das »Klassenzimmer der Neuen Energie«. Nachdem Tobias inzwischen wieder auf der Erde inkarniert ist, führt vor allem Adamus Saint-Germain die Studien im Crimson Circle fort.

Ziel des Crimson Circle ist es, einen Rahmen zur Verfügung zu stellen, in dem Menschen, die gerade durch einen Prozess des spirituellen Erwachens gehen, bewusst zusammenfinden können. Diese Menschen haben dann vielleicht auch den Wunsch, wiederum anderen – Menschen, die sich gerade am Anfang ihres geistigen Erwachens befinden – als Berater und Lehrer zur Seite zu stehen. Nach Tobias sind die glaubwürdigsten und kraftvollsten Lehrer nicht die Engel des Himmels, sondern vielmehr die menschlichen Engel, die diesen Weg bereits selbst gegangen sind.

Der Crimson Circle erfährt seine Fülle durch den Segen und die finanzielle Unterstützung von Menschen auf der ganzen Welt. Obwohl es sich der äußeren Form nach um eine »Organisation« handelt, muss man nirgendwo beitreten, man muss keine Mitgliedsbeiträge zahlen, und es gibt keine Regeln zu befolgen. Der Crimson Circle ist eine ehrenamtliche Vereinigung, der Geoffrey und Linda Hoppe vorstehen und die von einer Gruppe von ehrenamtlichen Koordinatoren geführt wird.

Begriffserklärungen

Aufgestiegene Meister

Als »aufgestiegene Meister« bezeichnet man Wesen auf höheren Bewusstseinsebenen, die jetzt selbst keinen Körper mehr haben, das Leben auf der Erde aber kennen und spirituell suchenden Menschen auf ihrem Weg helfen. Bekannte aufgestiegene Meister sind zum Beispiel Lao Tse und Kuan Yin, Tobias und eben auch Saint-Germain.

Cauldre

Ein »Spitzname« (kein spiritueller Name) für Geoffrey Hoppe, den der aufgestiegene Meister Adamus Saint-Germain in seinen Botschaften öfter verwendet. Wird »Kaul-dra« ausgesprochen.

Shaumbra

Dieser Begriff wurde vom aufgestiegenen Meister Tobias, den Geoffrey Hoppe bis zu dessen Übergang in ein neues irdisches Leben 2009 gechannelt hat, übermittelt. Shaumbra bezeichnet eine Gruppe von Menschen, die bewusst durch den Prozess des Erwachens geht. Tobias hatte mitgeteilt, dass dieser Begriff zu Lebzeiten Jesu aufkam, als sich Essener zu ihren spirituellen Treffen versammelten. Der Begriff stammt aus dem Hebräischen.

Der erste Teil bedeutet Heim beziehungsweise Familie, der zweite Reise und Auftrag. Tobias hatte mitgeteilt, dass Männer und Frauen damals ebenfalls karmesinrote Schals beziehungsweise Tücher als Erkennungszeichen trugen und um anzuzeigen, dass ein Treffen bevorstand. Heutzutage bezeichnen sich viele Menschen, die mit dem Crimson Circle zusammenarbeiten oder dort eine geistige Ansprache beziehungsweise Heimat gefunden haben, selbst als »Shaumbra«. Damit meinen sie, dass sie Teil einer Gruppe oder geistigen Familie sind, die sich ganz bewusst im Prozess des Erwachens befindet.

Die Autoren

Foto: Wulfing von Rohr

Geoffrey Hoppe

Geoffrey A. Hoppe wurde in Appleton, Wisconsin, als drittes von sieben Kindern einer katholischen Familie geboren. Nach Abschluss der Highschool 1973 trat er in die US-Army ein. Er gehörte der *National Aeronautical and Space Administration* an, wo er zweieinhalb Jahre als Public Information Specialist am NASA/Ames-Forschungszentrum in Mountain View, California, arbeitete. Hier wurde sein Interesse an Spiritualität und Metaphysik geweckt, nachdem er einen Freund »zum Spaß« hypnotisiert hatte. Im Trancezustand begann der Freund von früheren Leben zu erzählen. Nach diesem Erlebnis widmete sich Geoffrey Hoppe einige Jahre lang dem Studium von Metaphysik und Religion.

Die Anforderungen seines Berufes brachten es mit sich, dass Geoffrey Hoppe seine spirituellen Studien zwanzig Jahre lang brachliegen ließ. Er arbeitete für mehrere Werbeagenturen und Produktionsfirmen im Mittleren Westen und in Texas, später auch in höheren Positionen.

Im Alter von 28 Jahren baute er ein Marketing-Beratungsunternehmen mit internationalen Kunden aus Industrie und High-Tech in Dallas, Texas, auf und führte den Betrieb zwölf Jahre lang. Außerdem gründete er mit Partnern einige Unternehmen, unter anderem eine Telekommunikationsfirma für die Luftfahrt, in der er bis 2001 als stellvertretender Verkaufsleiter tätig war.

Geoffrey Hoppe hat zwei US-Patente und ein internationales Patent für Telekommunikationstechnologie sowie zahlreiche eingetragene Warenzeichen und Copyrights.

Seine spirituelle Reise erfuhr 1995 eine Wiederbelebung, als ihm das Kryon-Buch *Das Zeiten-Ende* von Lee Carroll in die Hände fiel. Nach mehreren mystischen Erfahrungen nahm er Kontakt zu Lee Carroll auf. Bald darauf wurden die beiden Freunde und Geschäftspartner.

Der »aufgestiegene Meister« Tobias erschien Geoffrey Hoppe zum ersten Mal 1997 während einer Flugreise. Geoffrey hatte nie in der Bibel gelesen und war weder mit Tobias noch mit dem »Buch Tobit« im Alten Testament vertraut. Er erfuhr erst später von der biblischen Tobias-Geschichte. Tobias und Geoffrey Hoppe führten nahezu ein Jahr lang Gespräche miteinander, bevor Geoffrey Tobias auch vor anderen Personen channelte.

In den nächsten anderthalb Jahren zog Geoffrey jeweils einen Psychologen unterstützend hinzu, wenn er private Sitzungen mit Klienten abhielt, die offen für spirituelles Wachstum waren. Tobias verschaffte ihnen tiefe Einblicke in ihre vergangenen Leben und in ihre gegenwärtigen Herausforderungen. Aufgrund der Erfahrungen, die

er in der Arbeit mit zahlreichen Klienten gemacht hatte, fühlte sich Geoffrey Hoppe mit der Energie und der Präsenz von Tobias zunehmend wohl.
1999 gründeten er und seine Frau Linda den Crimson Circle, der rasch eine internationale Wirkung entfaltete mit Hunderten von lokalen Studiengruppen und über 300 000 Webseiten-Besuchern pro Monat.

Foto: Wulfing von Rohr

Linda Hoppe

Schon in der Highschool lernten sich Linda Benyo und Geoffrey Hoppe kennen und lieben. Linda arbeitete nach ihrem Collegeabschluss einige Jahre als Lehrerin. Linda hat auch langjährige Erfahrung als Einkäuferin für ein internationales Textilunternehmen, für das sie vor allem im Fernen Osten tätig war. Sie heirateten 1977 und sind seither sowohl Lebens- als auch Geschäftspartner. Sie leben in den Bergen außerhalb von Golden, Colorado, wo sie den Crimson Circle sowie ein Beratungsunternehmen für Marketing und Publikation leiten.

Kontaktadressen für Channelings und Seminare

Crimson Circle Energy Company, Inc.
P.O. Box 7394
Golden, CO 80403
Fax: +1-303-6421696
Webseite in englisch: www.crimsoncircle.com
Webseite in deutsch: www.crimsoncircle.com/de
E-Mail-Anfragen: de@crimson.circle.com

Dank

Ein besonderer Dank geht an alle Teilnehmer der Treffen »Meister der Neuen Energie« in Amsterdam am 24. und am 25. März 2007.

Garret Annofsky
Joyce Arbouw
Jamina Back
Carla Bak
Yvonne Bakker
Otto Bengsch
Linda Benyo
Irene Berger
Mette Bjorgen
Adrienne Bock
Maria Bogers
Anita Boom
Wessel Boom
Wilma Bot
Ineke Brandenburg
Eva Breitfuss-Langkammerer
Marc Breitfuss- Langkammerer
Fiona Brookes
Jan Brouwer
Yvonne de Bruijn
William van Brussel
Jan Buijse
Kristina Buitkamp-Moebius
Eniet Castillion
Jose Cox
Yvonne Davids
Norma Delaney
Lisella Deligia
Paul Demaerel
Peter van Dijk
Suzanne Dijkstra
Moniek Evertsen
Lydia Frankenhuis
Nicole Gadet
Anja Gijsbers
Simone van Glabbeek
Mieke de Graff
Veronika Gschwentner

Markus Gyger
Lea Hamann
Gerrit Heijn
Gudrun Heumann
Sandra Heuschmann
Els van den Heuvel
In Sook Hille
Ingrid Hornveld
Sinka ´t Hooft
Geoffrey Hoppe
Denise Hulsmans
Christine Jacobus
Willemina de Jager
Cora de Jong
Esther Jonker
Renate Kaya
Marianne Keuning
Edwin Kolpa
Emmie Koster
Margreet Koster
Matthias Kreis
Martin Kuhnle
Christa Kuijpers
Paulus Kuiper
Andrianna Landegent
Jim Landegent
Ronaldfrederik Lapre
AnneClaire Loogman
Arnoud van der Maas
Tommi Makela
Paula Silvia Marin
Elisabeth Mayer
Petra Mensink
Kristina Menzel
Mayram Mildenberg
Charlotte Mogensen
Carsten Mogensen
Leja Nauta
Marjolein Neefjes
Helene Nielsen
Jügren Obermayer
Birthe Signe Julie Olsen
Carin van Onna
Wim van Onna
Maluna Orting
Pieter Ouddeken
Eve Palmer Nicoll
Iris Pauwels
Lea Peeraer
Jegi Pekkala
Marijke Princen
Ellen Pronk
Ruben Proost
Kay von Randow
Marieke van Ravensberg
Franke Rebecca
Diana de Reus
Katharina van Rhijn
Wolfgang Riedl
Marianne Rombouts

Anneke Scholten
Borgred Schotborgh
Milan Sekulic
Mannie Sommers
Oddmung Sorgaard
Jan Sprong
Gisela Steimel
Cindy Stokhorst
Jacqueline Thevissen
Jean Tinder
Tina Tjiang Leroy
Melanie Trankner
Bodil Valentiner
Josephine Veering
Martine Verhek
Merel Verkerk
Sabrina Vink
Ewout Vis
Roelanda van Vliet
Sarah Vosse
Paul Voulon
Imelda Vrijenhoek
Mayke Vullings
Addy J.H.Wartena
Yvette Welsch
Rieke Westerveld
Gitta Weytjens
Marysia Wilczewska
Rolf Wild
Laurens Willekes
Thijs Willekes Joyce Witteman
Elske Wouters
Jacky Wynants
Heike Zeitlmann
Piet Zwarthoed